El azul imposible

El azul imposible

Marta Millà

Traducción de Francesc Miralles

IKIBOOKS

Primera edición: mayo 2025

Título: El azul imposible
Del texto: ©Marta Millà, 2025
www.martamillagestalt.com
De la traducción: Francesc Miralles
Corrección de la traducción: Eva Permanyer
De la imagen de la cubierta: Ana Clerici
Del diseño de la cubierta: IKIBOOKS
De esta edición: IKIBOOKS
IKIBOOKS
www.editorialvanir.com
Barcelona

ISBN: 979-13-87544-15-7
Depósito legal: B 7559-2025

Imprime: iVerso

«*El ser humano busca lo infinito en lo finito,
y en esta búsqueda reside toda la peligrosidad
y toda la belleza de la vida humana*».
RAIMON PANIKKAR

© Juan Carlos Unzué

PRÓLOGO DE JUAN CARLOS UNZUÉ

En estos últimos años, mi lucha ha tenido un objetivo claro: dar visibilidad a la ELA. Pero no quiero que mi mensaje se perciba como algo triste, porque lo que yo transmito es justamente lo contrario. A pesar de la dureza de esta enfermedad, de esta batalla sin tregua y sin cura, hay muchísimos motivos para disfrutar de la vida.

Eso es lo que intento compartir con cada palabra, con cada gesto. Y si me permitís, lo que quiero dejar aquí, en este prólogo, es una sugerencia, una petición y un deseo.

La sugerencia: que os atreváis a pedir ayuda. Si alguna vez sentís que os falta la fuerza, que os pesa el alma, que no encontráis salida, habladlo. No os lo guardéis. Todos tenemos a alguien, cercano o lejano, con quien compartir nuestros miedos. Yo sé que, especialmente los hombres de mi generación, crecimos con la idea de que teníamos que ser fuertes, que no podíamos quebrarnos. Pero ¿cómo nos van a ayudar si no decimos qué nos estamos hundiendo? Y creedme, hay gente que quiere tendernos la mano, solo hay que dejarse ayudar. Muchas veces, el que está a tu lado también lleva una carga, también está roto por dentro, y, sin embargo, nos pasamos la vida sin abrirnos, sin conocernos de verdad. No cometáis ese error.

La petición: que seáis valientes y atrevidos. Si hay algo que me da tranquilidad en este momento es mirar atrás y saber que lo intenté. Soñé con ser portero, y fui portero. Luego quise ser entrenador, y fui entrenador. Siempre di los pasos necesarios, sin miedo al fracaso. Porque lo que de verdad pesa, lo que remuerde la conciencia, no es fallar, sino quedarse con la duda de lo que podría haber sido. Mirad atrás y aseguraos de que podréis decir: "Lo intenté". Creedme, esa paz interior no tiene precio.

Y, por último, el deseo: ojalá que cuando os encontréis con una derrota, con un día gris, con una de esas jornadas en las que nada sale bien, os acordéis de mí. Pero no con tristeza, sino con fuerza. Quiero que, cuando os sintáis agotados, cuando penséis que no podéis más, recordéis que hace cuatro días yo estaba en vuestro lugar. Jugando, entrenando, corriendo tras un sueño. Y hoy, desde esta silla de ruedas, sigo luchando, sigo disfrutando de la vida. Que ese recuerdo os ayude a entender que sois unos privilegiados. Que la salud, que el simple hecho de poder hacer lo que amáis, es un regalo. Un regalo que hay que honrar cada día con gratitud y pasión.

Quiero agradecer a Marta Millà la valentía de compartir su historia, de darle visibilidad a la ELA a través de un relato de amor tan hermoso. Estoy convencido de que, entre todos, conseguiremos ganarle el partido a esta enfermedad. Y mientras tanto, que la vida, con sus luces y sus sombras, no nos quite nunca las ganas de seguir jugando.

Juan Carlos Unzué

PRIMERA PARTE

1

Bajaban todas las mañanas para fundirse con el mar. El recorrido diario era una gincana llena de obstáculos que afrontaban con buen humor. Salían del piso con la silla de ruedas y tomaban un ascensor tan pequeño que solo cabían los dos si ella se sentaba en el regazo de él. Una vez abajo, tenían que subir por una pequeña rampa hasta la calle. Y luego cruzarla. Martina, con una hábil maniobra, levantaba las ruedecitas de delante y, dejando recaer todo el peso en las dos posteriores, cruzaba la plaza arrastrando silla y Jordi, que eran ya una sola cosa, hasta llegar a la orilla del mar. Después de asegurarla, rodeaba su cuerpo frágil con los brazos, lo levantaba con delicadeza y, tras girarlo suavemente, lo sentaba en una antigua silla de cuero que ella había colocado allí unos minutos antes. Era la de pintar paisajes.

En la arena quedaba la marca de las dos roderas, que señalaban su pequeño viacrucis diario. Un vecino que los observaba había confesado su voyerismo con unas fotos magníficas que la propietaria del restaurante Voramar, Teresa, les había hecho llegar. «Toma, niña, me las ha dado Josep para vosotros. Se ha aficionado a la fotografía, y como os ve todas las mañanas…».

Martina se tendía sobre una gran toalla de color azul pálido, dejándose caer en la arena caliente para que descansara su cuerpo y su alma. Jordi oteaba el horizonte y se embelesaba

13

ante el mar, el cielo y las nubes primaverales. Aquel rinconcito de playa les llenaba los días y les conectaba a la vida. Hablaban poco. Habían aprendido a comunicarse sin palabras, en una total simbiosis. Ella se había convertido en una extensión de él. «Donde no lleguen tus piernas, llegarán las mías; donde no lleguen tus manos, llegarán las mías; donde no llegues tú, llegaré yo.», le había dicho tres años atrás.

Aquel Domingo de Ramos, soñando despierta sobre la toalla mientras acariciaba la arena, Martina recordó el día que él la había enseñado a mirar la naturaleza con ojos de pintor.

Hacía tres meses que salían juntos, y habían ido a almorzar a Sitges. Por la tarde, mientras paseaban recogiendo conchas blancas en la playa, él le dijo:

—Fíjate en las olas. Mira, allí donde rompen, hay un instante, justo en su punto álgido… ¿Lo ves? Se puede apreciar un azul turquesa traslúcido. Es un azul extraordinario, ¿lo ves?

Ella se concentró en enfocar la mirada.

—Es sólo un instante. ¡Ahora! ¿Lo has visto?

—No…

—Mira, ahora viene otra ola. Síguela todo el rato.

—Veo la cresta, la espuma, cómo rompe y cómo después se desliza por la arena —dijo ella, juguetona.

—Fíjate bien. Mira, mira… ¡Otra vez! ¿No lo ves?

—Ay… ¡No veo ese azul que dices!

—Es muy difícil pintarlo al óleo a causa de su transparencia. ¡Es un azul imposible!

Pasaron un buen rato jugando a las adivinanzas, pero, cuanto más desesperada estaba ella por encontrar ese azul misterioso, más imposible le resultaba verlo.

Desde el paseo, cuando ya se marchaban a casa, Martina echó un último vistazo al mar.

Entonces, el azul apareció milagrosamente.

—¡Lo he visto! ¡He visto el azul turquesa! ¡He visto el azul turquesa! —gritó entusiasmada, mientras se quedaba inmóvil, esperando capturarlo de nuevo—. ¡Uau! ¡Otra vez!

—Es brutal, ¿no te parece? —le dijo él mientras la rodeaba con los brazos—. ¿Y sabes qué lo hace tan maravilloso?

—No.

—Que dura tan poquito…

Ella se dio la vuelta y le besó con la pasión de todos los azules del mar.

A partir de aquel día, se obsesionó en vigilar minuciosamente las olas una y otra vez. Y otra vez…

Y ahora volvían a estar allí, a la orilla del mar.

Juntos.

Todavía.

Unidos por una complicidad secreta.

Ella se incorporó y le tomó la mano.

—¿Sabes que siempre busco el azul imposible?

Él sonrió, contento, y al abrir la boca se le cayó un poco de baba. Mientras ella le secaba con el pañuelo, a Jordi se le escapó la risa.

—No es muy romántico lo de la baba, ¿verdad? —dijo Martina intuyendo lo que le había hecho gracia.

Él asintió y ambos estallaron en risas.

Y más baba.

Y más risas.

Y así hasta que volvieron al mantra marino.

Y al silencio.

Las nubes blancas, movidas por el viento, configuraban formas efímeras sobre el cielo azul.

—¿Cómo voy a respirar sin ti? —dijo Martina.

—Siempre que contemples las nubes, yo estaré allí, hablándote.

—Ya… pero yo quiero tu cuerpo. —Y se volvió para mirarle—. Y cobijarme en estos ojos tuyos tan bonitos.

—¿Me ayudarás a morir?

—Claro.

2

Esta historia de amor empezó con una inocente llamada de Lila para decirle a Martina que el hijo de su profesora de yoga, un pintor llamado Jordi Gispert, buscaba una modelo para posar desnuda.

—Dame su teléfono que le llamaré —contestó Martina mientras se preparaba el café de la mañana y encendía un cigarrillo—. Aunque parezca mentira, soy capaz de permanecer quieta durante dos horas. He hecho de modelo para mi hermana desde que era pequeña y ahora necesito dinero, pero… ¿no crees que soy demasiado mayor para hacer de modelo?

Quedaron en el estudio del pintor para conocerse. Mientras subía hasta un tercero sin ascensor por una escalera estrecha, oscura del barrio del Eixample, temía que en cualquier rellano pudiera haber un Norman Bates agazapado. De jovencita había tenido malas experiencias con hombres facinerosos y vivía siempre con el miedo en el cuerpo.

La puerta del tercero segunda estaba abierta. La esperaba un hombre de unos cuarenta años. Era delgado, no muy alto, tímido, como abstraído. La poca luz que había en el recibidor, del que no se aventuró a pasar, no le permitía verle bien la cara, mientras él le contaba con una voz reposada y algo afónica que su última modelo se había quedado embarazada. Le preguntó si podía comprometerse durante tres meses y empezar aquella misma semana. Ella le dijo que sí. Pactaron los horarios y los honorarios.

Se verían el siguiente martes.

Mientras bajaba por las escaleras, se dijo que el pintor había sido un poco frío; quizás esperaba otro tipo de mujer, más guapa, más joven, más delgada.

Al llegar a casa, encendió la tele y fue a la cocina. Mientras terminaba el guiso, escuchó una noticia de última hora: dos aviones acababan de reventar las Torres Gemelas de Nueva York. ¡Hostia Santa! Qué bestia... Corrió a ver las imágenes. Se quedó pegada a la pantalla, cuestionándose si era ético zamparse un entrecot con patatas mientras miraba aquella tragedia que, por otro lado, parecía una película. Entonces tuvo una extraña sensación: la vida, tal y como ella la había conocido hasta entonces, estaba a punto de cambiar de forma irrevocable.

Mientras esperaba a su hija Ondina a la salida de la escuela, recibió una llamada. Le proponían un nuevo papel en el teatro: serían dos meses de ensayos, tres semanas en el Mercat de les Flors[1] y «tenemos un presupuesto justito, justito...», le advertía la productora.

Pese a la oferta precaria, aceptó sin dudarlo. Tenía que hacerlo. Era una actriz catalana, o sea, poca cosa. Firmaba autógrafos porque había salido mucho en la tele, eso sí, pero era pobre. Y la popularidad no paga las facturas. Se puso muy contenta porque, combinando ambos trabajos, podría subsistir hasta febrero.

Se acostó con la imagen de las Torres Gemelas incrustada en la retina. Cuando estaba ya a punto de dormirse, le vibró el móvil. Era un SMS de su amiga Lila:

---

[1] NdT: Teatro municipal de gran formato en la montaña de Montjuïc. Toma su nombre del pabellón que había albergado el mercado central de flores de Barcelona.

La profecía de Nostradamus ya lo había predicho
y anuncia el comienzo de la caída
del mundo capitalista.

3

Todos los martes por la tarde posaba como modelo en el piso de él. Desnuda. Se cambiaba en un cuartito con las paredes llenas de retratos que desprendían olor a pintura al óleo. Tras cubrirse el cuerpo con un kimono satinado de color perla que la hacía sentir como una actriz de Hollywood, cruzaba descalza el estrecho pasillo hasta llegar a la estancia que daba a la calle Bruc. Cuando llegaba al estudio, se lo sacaba. Se tumbaba en un colchón que él había dispuesto sobre una tarima, con almohadones blancos esparcidos para formar un bodegón. Ella se quedaba boca arriba, con los brazos abiertos, las piernas un poco dobladas y la cabeza inclinada hacia un lado.

«Parezco un Santo Cristo, pero en horizontal…», le contaba divertida a Lila.

A una distancia prudencial, él había encendido una pequeña estufa eléctrica para que no pasara frío. Un par de focos blancos, que también calentaban, iluminaban su cuerpo.

El pintor era delicado y respetuoso con todo el material que utilizaba para su liturgia pictórica. Reservado y silencioso, elegía un CD entre la extensa colección de música clásica que tenía meticulosamente ordenada en una antigua cómoda de madera. Martina lo miraba de reojo, vigilando discretamente todos sus movimientos. Le fascinaba el cuidado con el que sacaba cada CD de la caja y lo introducía en la disquetera.

Tenía unas manos preciosas, firmes y tiernas a la vez, con un poco de vello en las falanges de los dedos. Se sentía tentada a revolcarse con él. A veces ponía un vinilo en un viejo tocadiscos para escuchar una versión de Glenn Gould de las *Variaciones Goldberg*, que ella desconocía hasta entonces.

Lo tenía todo preparado para que, cuando sonaran las primeras notas musicales, invocando a seres de la cúpula celeste, la cámara se llenara de musas y empezara la danza universal de la creación. Cuando él tomaba el lápiz, concentraba la mirada mientras buscaba cómo reflejar sobre el papel, línea a línea, los volúmenes y sombras de su cuerpo. Entre los silencios de la música, ella escuchaba el sonido de su trazo y, sintiéndose como una bella dama desnuda, flotando a la manera de *El nacimiento de Venus*, imaginaba que pasaría a la historia de la pintura como la modelo de un gran artista del siglo XXI.

La escena estaba enmarcada por una extraordinaria biblioteca de libros de arte que cubría hasta el techo las paredes de la sala, protegiéndolos del mundo profano.

A media sesión se tomaban una pausa de quince minutos. Ella volvía a ponerse el kimono, hacía unos estiramientos y se sentaba en un sillón color verde manzana que él había dispuesto para la modelo.

Él nunca se sentaba, seguía dibujando. A veces dejaba el lápiz y, mientras le sacaba punta con una Gillette, intercambiaban cuatro palabras. Las pequeñas conversaciones que tenían durante esa pausa le iban desvelando a un hombre introvertido y misterioso. Ella no sabía nada de su vida privada, pero sus ojos, de un gris triste, le hablaban de un hombre noble y comprometido con la verdad. Y su cuerpo le parecía el de un buen amante.

Jamás había pillado en su mirada una sola chispa de deseo. Jamás. No sabía si ella no le gustaba, si quizás era gay, o si solo disimulaba muy bien. Ella estaba convencida de que su desnuda piel blanca, la pose sensual, los senos hacia arriba, los pezones erectos y el pubis peludito pero arregladito eran un plato apetitoso.

«¿Cómo puede ser que yo me ponga caliente solo con estar en esta postura y a él no se le mueva ni una pestaña? Es un tipo rarito, rarito», pensaba.

Transcurrida la pausa, siempre muy puntual, él se ponía a la tarea una hora más, entregándose a su arte y dejándose acunar por las notas musicales que le traspasaban la piel.

Un día, ella sintió que se elevaba hasta el cielo.

—¿Qué es lo que has puesto hoy?

—El *Réquiem* de Fauré —dijo él mientras guardaba el disco en la funda.

—¿Y quién es?

—Un compositor romántico.

—¡Por un momento he sentido que me secuestraban los ángeles!

—Sí, ese coro angelical es sublime… Expresa la muerte como una liberación feliz.

Aquel pintor la enamoraba cada día más.

Una tarde, durante la pausa, Martina le hizo saber que iba a un centro a practicar meditación zen. Allí tenía que permanecer quieta durante cuarenta minutos, cosa que le iba muy bien por su naturaleza nerviosa, ya que eso la relajaba. Él sonrió y le dijo que era una buena modelo, que no se movía en absoluto, que la postura que adoptaba era muy original y que tenía un cuerpo muy bonito.

Acabada la sesión, se marchó del estudio, dejándola sola para que se levantara, se cubriera de nuevo el cuerpo con el kimono y se cambiara.

Se despidieron en la puerta. Dos besos, mejilla y mejilla. Mientras bajaba por las escaleras, ella concluyó que quizá ese pintor no mostraba interés por la carne porque era un hombre muy espiritual, y que un buen artista sublima el deseo y espiritualiza la materia. Poco se imaginaba en ese momento que, tirando del hilo de aquellas pequeñas conversaciones, se estaba entrelazando a un hombre que le cambiaría la vida.

4

Ella se había despertado, entre las sábanas arrugadas, fantaseando con un almuerzo con él para celebrar su trigésimo octavo cumpleaños. Bajaba con el Clio rojo hacia la calle Bruc, decidida a revolucionar su rutina semanal. Se había arreglado. Llevaba el vestido negro con minifalda de volantes, unas medias negras transparentes, las botas de piel, una americana de lana negra y sus gafas de sol.

Detenida en el semáforo de la Diagonal, le llamó por el móvil. Sabía que, a quince minutos de empezar la sesión, él estaría preparado y la esperaba vestido con su chándal de algodón azul marino.

—Hoy cumplo años —le dijo—. Me apetece invitarte a comer. Vamos, quítate el chándal y baja, que estoy a punto de llegar al chaflán de la calle Diputació.

Él se quedó mudo, al otro lado, mientras procesaba y valoraba su impetuosa propuesta. No podía negarse, aunque solo fuera por corresponder cordialmente a la invitación de aquella modelo que se le brindaba, todos los martes, vulnerable y sacrificial, por el bien supremo de su arte.

Subió al coche, dos besos mejilla y mejilla. Se había cambiado el chándal por un jersey negro de cuello alto. Estaba elegante, intelectual, atractivo.

—He reservado una mesa en el Voramar de Caldetes[2]. En media hora estaremos allí. ¿Te va bien?

Tras un pequeño gesto con la cabeza, él dijo con cierta nostalgia:

—Uf, hace muchos años que no voy a Caldetes…

—Pues ale, déjate llevar. —Y puso en marcha el coche sin más preguntas.

Cuando llegaron a la terraza del restaurante, les esperaba una mesa bien puesta, con mantel blanco de algodón y el nombre de Martina escrito en un papel. Se sentaron.

El sol invernal iluminaba sus rostros. Ella se sentía hermosa. Se había alisado el pelo con el secador para que quedara como a ella le gustaba, lacio y suave. Bajo las gafas negras, que no se quitó en toda la comida, escondía unos ojos castaños que, con un poco de *eyeliner* y rímel negro, se transformaban en una intensa mirada felina. Y, bajo el vestido negro, ropa interior sexy por si acaso.

Leyeron la carta de vinos. Ella no tenía ni idea. Él tampoco. Se dejaron aconsejar por el sumiller, que les recomendó un blanco del país. «Este Penedés os gustará». Oyeron el rumor del mar y el sonido del tapón saliendo de la botella.

Plop.

El camarero les llenó las copas y se marchó. Cuando se quedaron solos, ella dijo con frivolidad:

—Llevo muy mal esto de sumar años. No vivo bien los cumpleaños, me pongo melancólica y no le encuentro sentido a nada.

—¡Hay que celebrar la vida, mujer! —dijo él mientras levantaba la copa—. ¡Feliz cumpleaños!

---

[2] NdT: Localidad vacacional de la costa, llamada oficialmente Caldes d'Estrach, a treinta y cinco kilómetros de Barcelona.

—Estoy de acuerdo. ¡Hay que celebrar la vida!

Cling.

Había arrastrado al pintor fuera de su cueva, pero no sabía del todo por qué quería seducirle. Quizá era un reto. Quizá quería quitarse al abogado de la cabeza. Quizá sólo tenía ganas de pasar un buen rato con él. Mientras comían un exquisito arroz caldoso, ella le preguntó cuánto tiempo faltaba para acabar el cuadro, y él dijo que seguramente un par de meses, que ahora se tomarían una pausa porque en Navidad se iba y que, después de Reyes, retomarían las sesiones. Le contó que estaba preparando una nueva exposición en el sur de Francia, la última había sido un par de años atrás en la Pinacoteca, lo había vendido todo y estaba muy contento. Charlaron sin tocar ningún tema personal. Ella se preguntaba si él estaría con alguien, porque se mostraba muy misterioso. ¿Adónde iba por Navidad? ¿Y con quién?

Los postres llegaron a la mesa: un café irlandés para ella y un sorbete de limón para él. El cielo, radiante hasta ese momento, se oscureció de repente, convirtiendo el mar en una superficie plateada y fría. Mientras contemplaban el espectáculo de nubes grises que se formaban, él explicó que también pintaba paisajes al óleo. Un rayo de sol atravesó entonces los nubarrones, iluminando el mar con un blanco divino.

Maravillada ante la increíble luz que se extendía frente a ella, Martina se quitó las gafas para captar sin filtros aquel hechizo. Los ojos se le llenaron de vida y de fuego. Se volvió hacia él, y entonces le pilló. La estaba mirando. Y la veía por dentro. Ahora sí. Y ella, hechizada, buscó abiertamente aquellos ojos verdes grisáceos. Vio en ellos el mar, el cielo y el infinito.

Y se sumergió.

5

Era el día del estreno de *Una Santa Cena Europea*, la obra de Werner Schwap que ella ensayaba desde hacía dos meses. El texto criticaba la sociedad occidental de manera grotesca con una exhibición de antropofagia escénica. El personaje de Martina se llamaba Chochito. A medio camino entre una mujer y un bicho, se rascaba el sexo todo el rato, apenas hablaba y se arrastraba por el suelo metiéndose entre las piernas de los demás. Le gustaba hacer de Chochito.

Le invitó. Y no porque pensara que podía seducirle desde el escenario. Rascarse el coño no es la manera, o puede que sí, quién sabe; los caminos del amor son caprichosos. Ella habría preferido mostrarle sus talentos interpretativos con un personaje más elegante, pero era una oportunidad para pasar un rato con él después de la función.

No se habían visto desde el día de su cumpleaños. También estaban los padres de ella. Nunca habían faltado a ninguno de sus estrenos, a los que acudían con ilusión, amor y buen criterio. Aunque con esa obra no estaba segura. Y no solo por lo que hacía su personaje, sino porque era un texto difícil de digerir. Creía que aquello no les encajaría, que eran demasiado mayores: setenta y siete la madre, ochenta y uno el padre.

La función fue bien. El teatro estaba lleno y el público aplaudió con ganas. A la salida de los camerinos, las dos cabezas de pelo blanco le esperaban en el bar. La copa de champán hacía feliz a su madre que, risueña como siempre, la felicitó con un beso cariñoso. Su padre le dijo que era una obra muy interesante, que Schwap hacía una crítica feroz al capitalismo y que todos trabajaban tan bien… Les había encantado. Ese día descubrió que sus padres eran más vanguardistas que ella. «No sé si a mí me habría gustado ver esta obra», pensaba. Además de su exigencia extrema, por deformación profesional, como espectadora la enervaban las pajas mentales y las versiones groseras de los clásicos. A no ser, claro, que la dramaturgia fuera muy y muy buena. «Soy clásica», se decía a menudo.

Antes de ir a saludar a sus amigos, buscó al pintor. Estaba hablando con Lila, a la que también había invitado estratégicamente; quizás podrían cenar juntos los tres. Charlaban muy animados, y por un momento sospechó que se gustaban. A ella la conocía desde la primaria y sabía que era extremadamente coqueta con todo lo que tuviera cola.

Él se acercó. Después de los besos mejilla y mejilla de siempre, la felicitó, correcto y educado, pero sin mucho entusiasmo. Martina pensó que se había equivocado invitándole y que su personaje no era adecuado para seducir a nadie. Menos mal que Lila fue rápida:

—Estás muy divertida, niña, ¿vamos a cenar?

Tras decidir excepcionalmente no celebrar el estreno con sus compañeros, sino con aquel pintor que le había robado el corazón y con la amiga que les había presentado, fueron a un restaurante marroquí del Poble-sec"[3]. Las mariposas que sentía en el estómago no evitaron que se diera un atracón de humus y falafel.

---

[3] NdT: barrio popular al pie de la montaña de Montjuïc.

Después de cenar, taxi y hacia Gràcia[4], a tomar una copa en el bar Salambó. Después de dos horas escuchando a Lila, que pasaba por una crisis de pareja con su amante argentino, salieron los tres a la calle.

Temiendo que se acabara la velada, Martina propuso:

—¿Tomamos la última?

No había tenido suficiente pintor. No quería separarse de él.

—Yo os dejo, que estoy cansada y vosotros tenéis mucho que contaros —resolvió Lila.

Y se escabulló, dejándolos allí como dos pasmarotes. Caminaban en silencio hasta la plaza de la Virreina. Había poca gente por la calle. Los bares empezaban a cerrar. Hacía frío.

—¿Te apetece tomar algo más? —preguntó ella mientras se levantaba el cuello del abrigo.

—Es tu noche de estreno, tú mandas.

Dieron cuatro pasos para entrar en el primer bar que encontraron abierto.

—Cerramos en quince minutos —anunció el camarero.

—Vaya, no es mucho rato, ¿no crees? —arriesgó él.

—No, no mucho…

Debían de ser las tres de la madrugada.

—¿Vamos a mi casa? —propuso ella—. Estaremos más calentitos.

—Quizás sí.

Tenían que subir cuatro pisos a pie. Ondina y la canguro ya dormían. Les había dicho que llegaría tarde; sabían que una noche de estreno siempre se alargaba.

Ella quería poner música, pero con un melómano de su

---

[4] NdT: barrio tradicional de edificios bajos que fue asimilado por Barcelona a finales del siglo XIX.

nivel no sabía qué elegir. No tenía ningún CD de clásica y se decidió por el que había dentro de la disquetera, que escuchaba a menudo. No quería perder tiempo, no fuera que él cambiara de idea y saliera pitando escaleras abajo. Mientras encendía las lucecitas de guirnaldas que tenía en el salón y empezaba a sonar la banda sonora de *Memorias de África*, se sentaron en el sofá blanco.

Abrió un vino tinto, ¡plop!

Brindaron, ¡cling!

Se miraron. El corazón le latía con fuerza. Se iban abriendo como dos flores bajo el inevitable impulso de ser polinizadas. Se pusieron a debatir acerca de la vida y de la muerte. Descubrir que él era un gran conocedor de la física cuántica la puso a mil. A media botella, sus partículas se agruparon en una sola idea.

—¿Tienes pareja?

—No.

Una descarga de estrógenos le abrió todos los chakras.

—¿Estás separado?

—Tenía una pareja con la que estuve diez años, pero murió.

—¡Ostras! Qué putada.

—Sí.

Se apresuró a contar los años.

—Pero... ¡eres muy joven!

—Murió cuando teníamos treinta años. Nos habíamos conocido con veinte.

—Lo siento. ¿Y cuánto tiempo hace?

—Diez años.

—¿Diez años?

—Sí.

—¿Y no has tenido más parejas?

—No.

—Y… ¿amantes?

—Tampoco.

—¿Hace diez años que no estás con una mujer? ¿Me estás diciendo esto?

—Sí.

—O sea que te has pasado diez años, de los treinta a los cuarenta, sin tener relaciones sexuales con nadie. ¿Ni mujer, ni hombre ni nada?

Él negó con la cabeza.

En ese momento, como si estuviera orquestado por los arcángeles, el *adagio* de *Memorias de África* sonó en todo su esplendor, evocando imágenes de la película que ambos habían visto hacía tiempo. Una secuencia espléndida: Robert Redford recoge a Meryl Streep con la avioneta amarilla recién comprada. «¿Cuándo has aprendido a volar?», le pregunta ella, pánfila y juguetona. «¡Ayer!». Y se elevan hacia el cielo africano para dar vuelo a su amor. Desde el aire se desvelan los secretos y la belleza del paisaje de Kenia. La fauna se despliega bajo sus ojos enamorados durante kilómetros y kilómetros. Es tal la excelencia del momento que ella, con el pelo rizado al viento, pletórica y feliz, eleva el brazo hacia atrás para sentir el contacto de su mano firme, una mano del aventurero que nunca será suyo porque un alma así no se puede poseer. Un hombre que no tiene miedo y que se estrellará, días más tarde, con la misma avioneta. Ahora que se habían encontrado.

Se miraron en silencio mientras el sueño de la libertad africana latía por sus venas. Entonces, conmovida por la historia que acababa de escuchar y con el *adagio* a flor de piel, su Afrodita interior despertó y juró: «Yo, diosa sexual grecoafricana, devolveré a la vida amorosa a este amante herido de muerte». Y, con toda la delicadeza que pudo, acercando lentamente los labios a los de él, dio el beso más dulce y largo de su vida. Sin lengua, sin babas. Como el algodón. Como las nubes. Dos almas viejas, que llevaban varias vidas buscando, se habían encontrado. Por fin.

Empezaba a amanecer.

—¿Quién es ese señor?

Ondina, con el pelo negro alborotado bajo el marco de la puerta, jugaba con un rayo láser de luz roja, que Sky —su gatito blanco— perseguía con entusiasmo.

—Jordi, un amigo.

La niña le miró, clavándole sus ojos negros. No parecía que le hiciera demasiada gracia encontrarlos allí.

—Jordi, te presento a Ondina. Mi perlita.

¿Habría visto el beso?

6

Tuvo que ser su cerebro reptiliano quien dirigió la Operación Conquista. El racional no lo reconocía como el tipo de hombre que le convenía —alguien con los pies en el suelo que supiera moverse por el mundo material—, y el límbico tampoco, porque tenía el corazón aún ocupado por su último desamor: el rico abogado que hablaba cinco idiomas y que estaba como un tren. Un hombre enfocado en el éxito profesional, que quería una esposa que supiera esquiar, que le diera dos o tres hijos y una vida familiar estable y equilibrada. Sin embargo, ella no podía darle nada de esto a causa de su ansia. Un ansia que la empujaba hacia una vida menos acomodada y más espiritual. Un ansia que había aumentado notablemente justo después de separarse, provocándole episodios de angustia que la habían dejado muy tocada.

Su pasión había durado tres años. Tres años intensos y fogosos. Pero todo quedó patas arriba cuando él le puso los cuernos con una mujer que dejaba rastro de perfume caro en su camisa y que Martina olía enloquecida. Él lo negó hasta que un «te quiero» furtivo en la pantalla de su móvil, descuidado sobre la mesa de la comida familiar, le delató.

Aquello provocó un par de meses infernales y un precipitado final de película. Los tres niños —dos eran de él— asistieron a un drama doméstico a la napolitana. Unos espaguetis volando por los aires y dos bofetadas en la cara de ella. Pocos días después, el abogado se marchaba de casa tras dejarle el piso vacío y la autoestima por los suelos. Una pena, al fin y al cabo. Habían terminado. «¡Ahora sí, ahora sí!», le había dicho a Lila.

Cuando una historia de amor se acaba pero no acaba de terminar.

Ay, qué difícil es gestionar el desamor.

7

Era viernes. Hacía ya tres semanas que estaban en el Mercat de les Flors. A media función, cuando Chochito iba por los suelos haciendo acrobacias, se rompió el índice de la mano izquierda. Aguantó en un rincón del escenario, como un pajarito herido, viendo cómo el dedo había quedado en forma de zeta, mientras esperaba a la media parte para refugiarse en los camerinos y decidir cómo seguir.

Las caras de pánico de sus compañeros lo decían todo. Pep salió al escenario y anunció: «Señoras y señores, debemos comunicarles que no podremos acabar la función de esta noche, porque una de nuestras actrices ha sufrido un accidente».

Una ambulancia la llevó a urgencias. Después de una larga espera en la sala de traumatología de la mutua, la atendió un médico, que, con un fuerte tirón, recolocó el dedo en su sitio. Luego lo inmovilizó con una férula antes de enyesarle la mano.

Las funciones que quedaban fueron memorables. Como no podía reptar apoyando la mano izquierda en el suelo, la sustituyó por el codo, cosa que le provocó una tendinitis que le duraría semanas. Después, sin otro trabajo en el horizonte, tramitó el paro.

—*Que se rompa el dedo índice significa un cambio de rumbo en tu vida* —le dijo Lila.

8

Sus sesiones como modelo se complicaron. Por la férula que llevaba, por el daño que le hacía el brazo y, sobre todo, porque, cuando se sacaba el kimono para tumbarse entre los almohadones blancos, él la miraba embobado y ella se deshacía.

Como se habían propuesto acabar el cuadro en un par de semanas, contenían el deseo y la sesión empezaba. Durante la primera hora la concentración era total, pero, cuando llegaba la pausa, en vez de levantarse y estirar las piernas, Martina, excitada y mojada como estaba, se divertía provocándolo con estiramientos felinos, hasta que él yacía a su lado y, acariciándole los pechos, le decía: «Eres preciosa», y le humedecía dulcemente los pezones, bebiendo de ella como si un néctar divino lo devolviera a la vida. «Me vuelves loco». Y no terminaban la sesión.

Y así se alargaron un par de semanas más hasta que el cuadro estuvo terminado: una maravilla de dibujo a lápiz de noventa por metro treinta y seis. Elegante, sensual, fino. Fue portada del catálogo de la nueva exposición en Albi, una pequeña ciudad del sur de Francia cuyo alcalde era el tío de Jordi. Se expuso también en Girona, Lleida y Barcelona, pero nunca se puso a la venta. Era y todavía es el testimonio de un encuentro sublime.

Él se enamoró locamente. Ella tardó un poco más en confiar en él. Durante los primeros siete meses, no le dejaba dormir en su casa. No quería presentarlo a su hija como pareja hasta estar totalmente segura. Tenía demasiado reciente el precipitado comienzo y el final traumático con el abogado. Necesitaba ir muy despacio y, como no quería compromiso ni ataduras, lo agobió mucho.

Ven.

Vete.

Vuelve.

Déjame.

Cuando él pasaba algunas tardes en su casa, las consignas eran claras.

Eres solo un amigo.

No le hagas de papá.

No intentes educarla.

Jugaban a la PlayStation, hacían rompecabezas, trabajos manuales, construían todo tipo de artefactos, hacían de inventores, él le enseñaba a dibujar. Lo pasaban bien juntos. A veces, Ondina les decía a las ocho de la tarde que al día siguiente tenía un examen, y él, con una paciencia infinita, la ayudaba a repasar la lección hasta medianoche. Era un hombre diferente: femenino, capaz de atender emocionalmente, que sabía escuchar.

Martina los contemplaba. Era feliz. Por fin tenía un hogar en el que se respiraba armonía, complicidad y alegría. Antes de acostarse, le gustaba pasar un largo rato tumbada en la cama con Ondina mientras le leía un cuento hasta que se dormía. Cuando volvía a la sala, él la estaba esperando con un vinito.

Era su momento. Él la amaba, la cuidaba, la hacía reír. Después, Martina le pedía que se marchara; quería respetar lo que le había dicho a su hija.

Hasta el día en que Ondina los descubrió. Tenía nueve años cuando le preguntó:

—Mamá, ¿qué es esto?

—¿De dónde lo has sacado?

—Estaba en tu mesita de noche.

—¿Y por qué tocas mis cosas?

—¿Qué es esto, mamá? —repitió con las mejillas encendidas.

—Es un preservativo, Ondina.

—¡Mamá! Ya te vale, ¿eh?

Lo tiró al suelo delante de sus narices, se fue corriendo a su habitación y se encerró dando un portazo.

9

Estaban muy enamorados. Congeniaban, como decía su madre.

—Congeniáis, ¿verdad?

—Sí, mamá.

«Congeniar». Un verbo que no formaba parte ni de su léxico cotidiano ni de sus aspiraciones románticas. Pero sí, congeniaban.

Aún no habían salido de Barcelona, no tenían necesidad. Festejaban[5] su amor, como también había hecho su madre.

«Festejar», otro verbo anticuado y delicioso.

—Con papá *festejamos* siete años.

—¡Uf, mamá!

—Oh… Eran otros tiempos. Y, mira, antes de conocerlo había salido con un chico llamado Josep, pero lo dejé porque era un tacaño. Me hacía pagar el tranvía.

—Bien hecho, mamá, bien hecho. ¡A los tacaños, ni agua!

Congeniaban y festejaban. Paseaban su amor por el casco antiguo de Barcelona, por los rincones secretos de las piedras y de sus vidas. Rambleaban.

Se asomaron a la biblioteca Bonnemaison, la antigua

---

[5] NdT: en catalán, «festejar» hace referencia al periodo romántico previo a casarse o irse a vivir juntos.

sede del Institut del Teatre[6], donde Martina había estudiado, y al teatro Poliorama para saludar a sus compañeros.

—De aquí es de donde vengo —le dijo.

Un día fueron al Capitol para ver actuar a Pepe Manzanares[7], y después al bar Raval a tomar unos vinitos con él, que le decía: «¡Niña, qué tetas tienes!», y ella se mondaba de risa. Estaba enamorada de él. Bueno, todas estaban enamoradas de Manzanares. Era irresistible.

A Jordi no le gustaba demasiado el explosivo grupo de amigos de Martina. No estaba acostumbrado a los modos desinhibidos del mundo de la farándula y se quedaba en la barra, callado, todo el rato. Qué diferentes eran sus mundos. Él había tenido una sola pareja y una vida solitaria en el campo. Ella, amantes a raudales y una vibrante vida nocturna en Barcelona.

De aquí es de donde vengo.

Otro día le llevó a la Librería Millà de la calle Sant Pau para ver a su padre. Mientras curioseaban obras de teatro y aspiraban con placer ese particular olor a libro viejo, le contó que ella había trabajado allí cuando era una estudiante y que su padre le había enseñado a quitar el polvo y a alinear los libros todas las mañanas. Cuando entraba en cualquier librería, no podía evitar hacerlo.

De aquí es de donde vengo.

Necesitaba presumir de negocio con tradición y de saga familiar.

Ven.

Dándole la mano le enseñó lo que en casa llamaban el almacén, en la trastienda. Allí se amontonaban libros de ópera

---

[6] NdT: el Instituto del Teatro depende de la Diputación de Barcelona y ofrece formación reglada a los futuros actores y dramaturgos.

[7] NdT: guiño al popular humorista Pepe Rubianes, que llenaba teatros con sus monólogos irreverentes.

y de zarzuela, llenos de polvo y de misterio, que Jordi fue hojeando con la fascinación y el respeto que compartía con ella por el papel viejo. Le contó que su bisabuelo la fundó en 1900, eran ya cinco generaciones de libreros, de gente de teatro, de republicanos. Empezaron a publicar teatro en catalán ese mismo año y no dejaron de hacerlo hasta que el franquismo se lo prohibió, y lo habían escondido todo en la trastienda, detrás de una tapia, hasta los años sesenta.

—Justo ésta es la zona que había estado tapiada; mira, todavía se ven un poco las marcas en la pared.

Y que en los años ochenta su padre rechazó la Cruz de Sant Jordi[8], como también hicieron Raimon y Manuel de Pedrolo, ya que la repartían a diestro y siniestro, y la habían concedido a gente que había colaborado con el régimen franquista, y que no era eso, compañeros, no era eso[9].

De aquí es de donde vengo.

[8] NdT: distinción que ofrece anualmente el gobierno autonómico de Cataluña por los méritos o servicios prestados en el ámbito cívico o cultural.

[9] NdT: referencia a canción de Lluís Llach de 1978 *Companys, no és això*, en la que el cantautor subrayaba que muchos ideales por los que muchas personas se habían sacrificado, para lograr una sociedad más justa y libre, habían sido traicionados.

10

Llegó el verano. Jordi deseaba enseñarle su refugio, donde había vivido diez años retirado como un ermitaño. La recogió con su Kadett blanco descapotable.

—¿Preparada para salir al campo, ardilla?

Él vestía una camisa blanca de lino. La llevaba arremangada, dejando a la vista aquel vello en los brazos tan sexy que a Martina le gustaba acariciar. Ella se había puesto un vestido rojo sin mangas, ceñido y con cuello de barca. Les esperaban dos horas y media de carretera hasta llegar a Horta de Sant Joan, en la comarca de la Terra Alta, donde se detendrían a comprar vino en la cooperativa.

Cuando bajaron del coche, cuatro abuelos jugaban al dominó y daban vida a la terraza del bar de la plaza mientras tomaban unas olivas arbequinas con vermú.

—¡*Eep*, chico! —Todos levantaron sus brazos y manazas de payés[10].

—¡*Eep*! —dijo él.

La miraron a ella. Luego volvieron a mirarle a él.

—¡Qué bien acompañado vas hoy!

Ella sintió cómo la examinaban sin piedad y pensó que quizá el vestido rojo era demasiado llamativo fuera de la ciudad.

---

[10] NdT: nombre que se da a los campesinos catalanes.

En cuanto llegaran a la casa, se cambiaría de ropa. Entraron en la bodega que había al otro lado de la plaza y, al salir con un par de botellas en la mano, otra vez:

—¡*Eeep*! —dijo Jordi.

—¡*Eeep*! —respondieron ellos.

Martina se moría de ganas de iniciarse en aquel saludo aborigen, pero pensó que, como forastera, no tenía derecho a hacerlo, y que tampoco era adecuado para una señorita, así que le salió un discreto:

—¡Adiós!

Una vez fuera del pueblo, tomaron un desvío hasta llegar a la pequeña masía[11] que estaba en medio del campo. En el segundo piso se encontraba el dormitorio, desde donde se divisaba un cielo azul fascinante. Justo en frente, unas rocas alienígenas sobresalían del resto del paisaje y del silencio.

—¿Qué es eso?

—Lo llaman «las Rocas de Benet».

Al abrir la ventana de par en par, se coló en la casa una golondrina ligera y veloz.

—¡Qué bonita es! —dijo ella.

Mientras se apresuraba a abrir la otra ventana, Jordi le contó que a veces se quedaban atrapadas dentro y no sabían salir, por eso siempre dejaba las dos ventanas abiertas.

Después de revolotear asustada y desorientada, la golondrina encontró la salida y escapó volando.

—Me hace tanta ilusión que hayas venido… ¡Acompáñame!

Le enseñó toda la casa. Él subía y bajaba las escaleras estrechas y empinadas de dos en dos, ligero como un corzo. Ella, detrás, de una en una, resoplando como una ballena. «Tengo que dejar de fumar», pensaba.

---

[11] NdT: casa tradicional de la Cataluña rural.

Después de poner la comida en la nevera, se cambió de ropa para estar más cómoda. Se quitó el vestido y se puso unos vaqueros, la camisa blanca de algodón y unas alpargatas.

Jordi había empezado a preparar una deliciosa ensalada con las hortalizas frescas que la señora Enriqueta —la vecina— les había dejado en una caja frente a la puerta de casa. Luego cocinaron unos huevos fritos de sus gallinas y salieron a almorzar bajo el emparrado del patio con la bota llena del vino tinto que habían comprado.

Había moscas. Muchas. Martina intentaba ahuyentarlas de la mesa con las manos. La ponían furiosa. Le daba asco que tocaran la comida. A él no le molestaban lo más mínimo. Decía, riendo, que eran criaturas del Señor y que también necesitaban comer, las pobrecitas. Mientras le contaba una anécdota que ella no entendió demasiado bien, no sé qué de los bigotes de Dalí, de la miel y de las moscas, pensó que a todos los pintores les faltaba un tornillo, y se preguntaba dónde se había metido. Aun así, no le quedó más remedio que rendirse al almuerzo franciscano, con las hermanas moscas y las hermanas hormigas, que también se paseaban tranquilamente sobre la mesa.

Por la tarde, cuando el sol se ponía y los vencejos comenzaban su alboroto, regaron las plantas con la manguera. Un par de rosales rosa pálido, además de lavanda, tomillo, romero. Y menta. Mucha menta que perfumaba el aire. Y un nogal joven que había plantado él mismo diez años atrás. «¿Verdad, nogalito?», le dijo mientras acariciaba el tronco.

Y ella se apresuró a calcular los años y se lo imaginó plantando aquel árbol con el dolor inmenso por la pérdida de su Lluïsa. No dijeron más. El sonido del agua y el olor de la tierra mojada llenaban el silencio y su espíritu.

—Mira allí… —le pidió él—. ¿Ves esa cortina? ¿La ves allí al final? Eso es lluvia. Se ha desatado una tormenta en Els Ports[12], pero no llegará hasta aquí.

La tomó suavemente por la cintura y ella experimentó un escalofrío de placer al sentir su mano cálida. Y luego otro escalofrío, ahora de miedo, porque al atardecer a menudo la capturaba un antiguo y familiar desasosiego.

Era la luz. Aquella luz que iba fundiéndose lentamente le helaba el alma. Y se dijo que, si la belleza no está en las cosas, sino en los ojos que las miran, las amenazas tampoco estaban fuera, sino en su interior. Y se preguntó por qué ella tenía tantas angustias interiores.

Jordi quería enseñarle un sendero muy bonito que rodeaba la finca.

Ven.

Caminaron cuesta arriba por una pista forestal. A ella no le gustaba alejarse tanto de la casa, pero no dijo nada. Siguieron en silencio por el camino hasta que, de repente, les cayó la noche encima. Martina se quedó a oscuras —física y psíquicamente— y le rogó que volvieran a casa, sin confesarle aún sus miedos.

Un colchón en el patio y una botella de cava fresquito restablecieron su confianza. Con todas las luces apagadas, contemplaron boca arriba la noche estrellada. El planeta rojo brillaba con fuerza.

—¡Mira! Eso es un satélite —dijo él, y señaló un punto brillante del cielo.

—¿Cómo lo sabes?

—Se distingue de una estrella porque tiene una velocidad constante; no chispea y sigue una órbita muy clara. Hay varios.

---

[12] NdT: macizo calcáreo lleno de vida salvaje entre Cataluña, Valencia y Aragón. Es emblemático por sus montañas escarpadas y abruptas.

La Vía Láctea se veía con claridad. Abrumada por aquella inmensidad cósmica que la hacía sentir pequeña y vulnerable, Martina necesitó, ahora sí, contarle uno de sus miedos. El más gordo.

—Cuando tendría siete años, mi hermano me llevó al cine Dante a ver *2001* de Kubrick. Me impresionó mucho la secuencia en la que un astronauta se desconecta de la nave y se pierde por el espacio, así que cuando volvíamos a casa le pregunté: «Lluís, ¿dónde se acaba el espacio?». Y él respondió: «Es infinito». Y yo seguí: «¿Qué significa infinito?». «Pues quiere decir que nunca se acaba», contestó él. Yo insistí: «Pero ¿cómo puede ser que no se acabe nunca?». Y él acabó con un: «¡Ay, niña, qué preguntas... pues porque es infinito!». No lo entendía. Y no me quedé tranquila pensando que aquel pobre señor se había perdido en una negrura infinita. Solo. Fiuuuuuuuuu. ¡Qué angustia, pobre tío! Y creo que eso me traumatizó, porque han pasado muchos años, sí, pero todavía tengo miedo a la oscuridad. Y a la noche. Y a la muerte.

Jordi se la quedó mirando y negó con la cabeza.

—No te han entendido, Martina. No te han entendido suficientemente bien —dijo mientras le acariciaba el pelo rizado.

Ella le abrazó. Una sensación de pertenencia, de cohesión y de hechizo les hizo rodar por el suelo, todavía caliente por el sol, mientras se besaban con pasión. Él le desabrochó la camisa blanca con suavidad, botón a botón. Los pezones frescos y rosados apuntaban a la bóveda celeste. Sintiendo la humedad en el sexo, toda ella se abrió.

Mientras hacían el amor lentamente, una lluvia de estrellas los cubrió como si fueran un solo cuerpo.

11

Vivían en un precioso piso del centro de Gràcia en la calle Astúries. Aquellos ciento cincuenta metros cuadrados de baldosas hidráulicas con cenefas de colorines rojos, blancos y grises eran un sueño. Con los rosetones, los techos altos y el tubo por el que había salido el gas que llevaba luz a los hogares, todavía conservaba el sabor del piso de sus abuelos.

—Cuando sea mayor, tendré una casa como ésta, abuelo —le había dicho Martina a la edad de diez años.

Daba al exterior por ambos lados. Mirando hacia el este, había una galería de estilo modernista con seis ventanales enormes que no cerraban bien, por donde entraba el sol y la alegría. Mirando hacia el oeste… ¡pam! El Tibidabo, la icónica estampa de Barcelona que todas las noches les guiñaba un ojo. En inverno allí hacía un frío de mil demonios. Con esos techos tan altos y los cristales tan delgados, necesitaban una estufa de butano, concentrar la vida en un lado de la vivienda, con un par de radiadores eléctricos en las habitaciones y una bolsa peluda de agua caliente a la hora de acostarse.

En verano se estaba bien, porque, con todo abierto, entraba un airecillo marinero y el perfume sensual de flores dulces que subía desde el jardín de abajo. Cuando abrían los ventanales de par en par, podían ver dos limoneros, dos nísperos, un tilo, una morera, una encina, una buganvilla, geranios, un par de lilas y un par de marquesas. Eran de los Rius, los propietarios del edificio, que vivían en el entresuelo y salían a través de unas escaleras exteriores.

Todas las mañanas, el hijo mayor, que tenía cierta fisonomía borbónica, se arrastraba cansado por los doce escalones, cruzaba el jardín con la cabeza gacha y subía las pequeñas escaleras para llegar a la puerta de una gran jaula. La abría y, moviendo una banderita de color amarillo, sacaba a pasear una cincuentena de palomas mensajeras que, durante veinte minutos, volaban circularmente por encima del edificio. Cuando levantaba la banderita de nuevo, todas volvían a la jaula obedeciendo consignas militares.

A veces alguna paloma se quedaba en la barandilla gorjeando y Sky la miraba fijamente, profiriendo unos maullidos cortos y sincopados. Salivaba. Otras veces entraban plumas mugrientas en el piso o caía alguna cagada de paloma. Chof. Chof. Chof. ¡Oh! Qué rabia le daba limpiarlo. Al ver que la vecina tendía la ropa, Martina se asomó por el ventanal.

—¡Es una marranada, eso de las palomas! —protestó Elisabet, mientras recogía un par de camisetas blancas que ya estaban secas—. Mira, ya han vuelto a cagarse en la barandilla, ¡por suerte no lo han hecho sobre la ropa limpia!

Luego entró en casa.

Elisabet Olivella. La mejor vecina del mundo.

12

El 12 de diciembre recibió una llamada de su hermana Mariona:
—Mamá se ha caído. Se ha roto el fémur y la han llevado al hospital.

Padecía una osteoporosis severa y se caía a menudo. En el hospital le hicieron pruebas. Le encontraron un cáncer de colon que era operable, pero primero debía recuperarse de la anemia con una transfusión de sangre.

Todo sucedió muy deprisa. Con la segunda bolsa de sangre perdió el conocimiento. Martina estaba en la habitación y, al darse cuenta de que algo no iba bien, gritó:
—¡Mamá! ¡Mamá! ¿Qué te ocurre?

Salió al pasillo para avisar a las enfermeras que, al verla, advirtieron que estaba entrando en coma y se la llevaron rápidamente a la UCI.

Después de tres semanas, los médicos aseguraron que no se despertaría, y se le quitó la respiración asistida. Era el 31 de diciembre de 2003.

La muerte no tiene piedad cuando llama a la puerta.

Aquella noche, Martina se llevó a su padre a dormir a su casa. Ondina no estaba, porque se había ido con la familia paterna a pasar el Fin de Año. Ya se había acostumbrado a no tenerla en casa durante algunas celebraciones, pero ese día la necesitaba.

Intentaron cenar juntos. Jordi había comprado algunas *delicatessen* para celebrar el tránsito del 2003 al 2004, y también abrió un champán francés que había guardado en la nevera. Poco habían imaginado que el año acabaría así.

Su padre no comió nada. Lloraba. Martina lo miraba compungida. Tampoco tenía hambre. Champán, sí. Champán, ella siempre. No sabía qué era más doloroso, perder a su madre o ver la desolación de su padre.

La muerte le había arrancado a su madre de dentro, dejándole una herida que no sanó ni cuando en la cama se abrazó a Jordi, enroscándose como una serpiente que quería entrar en su interior, como si fuera posible regresar al origen, al paraíso perdido.

La vida, sin madre, duele.

13

El día del funeral de su madre, Martina recordó aquel mes de noviembre de 1975.

Su padre lloraba mientras miraba la ciudad de Barcelona a través del ventanal. Era un llanto silencioso, contenido, discreto. Nunca le había visto llorar. Nunca. Estaba de espaldas a ella. ¡Qué pedazo de hombre!

Sabía que lloraba porque ella tenía un radar muy fino. A sus doce años, lo veía todo. Y su madre le acababa de decir:

—El abuelo ha muerto.

—Y ahora… ¿qué le pasará al abuelo?

—Lo enterraremos. Y los gusanos se lo comerán —dijo el padre.

—¿Y la abuela?

—No lo sabe. Aún no le hemos dicho nada.

Martina tenía doce años y lo veía todo. Tenía doce años y no entendía nada.

La tarde del funeral, la dejaron sola en casa porque «no era algo para niñas», le dijo su madre. A ella le supo mal no poder decir adiós al abuelo.

Aquella noche, todos dormían a pierna suelta. Ella no. Ella no podía dormir. Estuvo mucho rato contando ovejitas arriba y abajo, y cuando, finalmente, de tan agotada, sintió que se relajaba y que los ojos se le iban hacia adentro, hacia el fondo del pensamiento…

Oyó cómo se abría la puerta de la habitación y alguien entraba con sigilo. Al abrir los ojos, percibió una sombra que vagaba lentamente por el dormitorio.

No era mamá. No era papá. No era Lluís.

En casa no había nadie más ese día. «¿Es un ladrón?», pensó asustada. Escondiendo la cabeza bajo la sábana, afinó el oído. Una respiración profunda y pesada acompañada del leve ñic-ñic de unos zapatos se paseaba por la habitación. El corazón le latía con fuerza.

Abrió un pequeño agujero en su cabaña. Con el ojo izquierdo entreabierto adivinó una figura en la penumbra. Un hombre alto. «¿Será que el abuelo ha venido a mi habitación para decirme algo antes de que se lo coman los gusanos?».

Volvió a taparse para desaparecer. «Si aguanto la respiración, me volveré totalmente invisible». Lo hizo. La presencia se acercaba lentamente, el ñic-ñic de los zapatos se aproximaba a ella. Estaba temblando. Cuando notó su aliento en la oreja, no pudo resistir más y gritó con todas sus fuerzas:

—¡Mamáááááááááááááááááá!

Su madre llegó asustada.

—¿Qué ocurre?

—Mamá, hay alguien en la habitación.

Su madre, tras encender la luz, dijo:

—No, mujer, no… ¿Quiénes quieres que haya? Debías de estar soñando.

No se atrevió a decirle que el abuelo había venido a verla. No podía contarlo; la encerrarían en un manicomio, en el Cotolengo[13], que estaba muy cerca de casa. Había ido con mamá a donar ropa y daba mucha pena. No. No se lo diría.

Desde que el abuelo había muerto, todas las noches iba a la cama de sus padres a dormir. Papá no quería que les molestara, pero mamá siempre le hacía un rinconcito a su lado. «Venga, ven…». Y con el contacto de su piel, tan tierna y calentita, lograba dormirse. Una noche y otra y otra… Y el padre, que «esto no puede ser», y otra noche más, y otra y otra y que «esto no puede seguir así», hasta que un día, al abrir la puerta de su cuarto, los descubrió allí, desnudos y haciendo ruidos extraños.

¿Qué es esto? Tardó unos segundos en entenderlo. «¡Puaj! Yo pensaba que los padres ya no lo hacían cuando habían tenido hijos, pero los míos parece que sí, que todavía lo hacen. ¡Puaj, papá! ¡Qué asco!». Y volvió corriendo a su cama para esconderse bajo las sábanas de tanta vergüenza que sentía. Y se quedó en cama tres días y contrajo anginas y no podía mirar a mamá a la cara.

Después llegaron las visitas a las camas de sus hermanas, ahora con una, ahora con la otra, hasta que la llevaron al médico de familia por primera vez, porque hasta entonces solo había ido al pediatra.

El doctor Mirapeix le dijo a su madre que Martina ya era suficientemente mayor como para entrar sola, que la esperara fuera. Una vez en la consulta, ella confesó que había visto un fantasma y que tenía miedo a los espíritus, que oía ruidos en su cuarto y que durante la noche había sombras que se movían.

El médico la escuchó con atención. Después de examinarle los ojos con una lucecita, de pedirle que le enseñara la

---

[13] NdT: institución gestionada por monjas que, desde 1932, acoge en Barcelona a personas con enfermedades incurables o grave discapacidad física o mental, así como ancianos sin recursos.

lengua y de palparle la barriga, le dijo que era muy nerviosa y que le daría una medicación para tranquilizarla.

—Doctor, ¿estoy mal de la cabeza? —le preguntó.

—Por supuesto que no —dijo él sonriendo.

—Entonces, eso que dice que debo tomarme, ¿no es una pastilla para taradas mentales? ¿No tendrán que hacerme una *lotomía*?

El doctor Mirapeix abrió los ojos como platos. Martina pensó que quizás no había dicho bien la palabra.

—Una *lotomía*, sí —insistió—, eso que hacen en el cerebro, que le sacan un trocito; se llama así, ¿verdad?

Martina estuvo a punto de contarle que había aprendido esa palabra el verano anterior viendo *El planeta de los simios* y que, por cierto, la imagen de la Estatua de la Libertad hundida y ese señor gritando en la arena de la playa… Pues qué mierda, si hemos de terminar así, pero él la miraba tan serio que ella no abrió más la boca.

El doctor Mirapeix hizo entrar a su madre en el despacho. Mientras escribía la receta, le dijo:

—Esta niña tiene mucha imaginación. Que se canse, que haga deporte y que tome esto todos los días durante un par de meses, eso la tranquilizará.

Y, pellizcándole la mejilla, insistió:

—Eres muy nerviosa, tú.

Martina tenía doce años y mucho miedo, pero aquel día entendió que también tenía mucha imaginación y que era muy nerviosa.

Tenía doce años y ya sabía que los Reyes eran los padres, algo que iba aceptando, qué remedio, pero ahora, además, había descubierto que hacían AQUELLO, a pesar de haber tenido ya cuatro hijos. Esa marranada.

Tenía doce años y le habían comunicado que el abuelo

había muerto, que se lo comerían los gusanos y que a la abuela aún no le habían dicho nada. Se preguntaba qué estaba pasando, y deseaba que volviera el orden, por favor, por favor, a su familia.

«¿Dónde está el abuelo?», se preguntaba todas las noches.

Se aficionó a mirar a un atlas de su padre con una gran foto del universo. Se veía la Vía Láctea. Un puntito muy pequeño señalaba al planeta Tierra. Ella pensaba que los vivos vivían allí y que eran bien poquita cosa. Y que quizás el abuelo estaba en algún otro lugar del universo, como el astronauta de aquella película que se había marchado hacia el espacio. ¿Puede ser que haya un sitio para los muertos? ¡Claro que sí! Porque el universo es infinito. Ella perseguía la idea de infinito. Infinito... infinito... ¿Infinito? Pero no entendía el infinito.

Y, cuando se metía en la cama, se preguntaba dónde se aguantaba el universo. ¿En ningún lugar? ¿Y nunca se acaba? ¿Nunca? Y no lo entendía. ¡No lo entendía! Y le costaba respirar. El aire no le acababa de entrar en los pulmones. No le entraba. Y lloraba. Y gemía. Y berreaba. Hasta que llegaba mamá y le preguntaba qué le pasaba. Entonces ella le decía que no entendía el infinito y que la dejara dormir con ella. Y mamá le decía que no, que no podía ser, que a papá no le gustaba que estuviera en la cama con ellos. Y en ese momento ella ya sabía por qué papá decía lo que decía, porque quería hacerlo con mamá. Y no le parecía justo, porque mamá era tan suya como de él. Entonces Martina lloraba aún más fuerte. Y así una y otra vez, y otra hasta que, una noche, papá despertó y fue a la habitación:

—¡Cagüendiós! ¡Que se tome el Diazepam ya!

Y nunca más se volvió a hablar de ello.

Esto sucedió en 1975, cuando Martina sólo tenía doce años. Había pasado mucho tiempo, sí, pero lo de los gusanos lo tenía grabado en el cerebro.

El día de la cremación de su madre, con la urna en las manos y la voz rota, el padre pidió a sus tres hijas:

—Cuando yo me muera, tomad las cenizas de mamá y las mías. Mezcladlas bien mezcladas y las arrojáis al mar.

«No llores, papá, a mamá no se la comerán los gusanos. Y a ti tampoco. Y dentro de un tiempo volveréis a estar juntos», pensó Martina.

14

Quizás Lila llevara razón en eso del dedo.

Tras aquel espectáculo del Mercat de les Flors, Martina estuvo ocho meses sin trabajar. Quizás la buena suerte se había terminado. Quizás no era buena actriz. Quizás se había hecho vieja. Estaba a punto de cumplir cuarenta. «Una edad difícil», decía su representante, pero ella sabía que todas las edades son difíciles para una actriz. Algún capítulo en la tele y algo de doblaje no bastaba para salir adelante.

Cansada de esperar y de sentirse inútil, hizo una recopilación de cuentos zen para montar un espectáculo de pequeño formato que se estrenó en Barcelona y giró por toda Cataluña. Luego tuvo la idea de hacer de ello un libro, con ilustraciones de Jordi con tinta negra y pincel. Monjes japoneses, gatos y ratones, todos ellos protagonistas de los cuentos, irían desfilando por aquellas páginas que imaginaban cuadradas. En la solapa posterior iría un CD con su voz grabada, que contaba las historias, y el sonido del *sakuhachi*[14] para evocar el Japón antiguo. Lo llevaron a una editorial y esperaron respuesta.

---

[14] NdT: flauta japonesa utilizada por los monjes zen para el ritual del *Suizen*, la meditación a través del soplado.

Llegó una nueva propuesta de teatro. *Cuatro mujeres y el sol* de Jordi Pere Cerdà, un drama rural situado en el Pirineo. Su trabajo de actriz volvía a funcionar. Estaban a punto de estrenar en Perpiñán, de donde era el autor, y durante la última semana la compañía se instaló allí para ensayar. Luego tuvo que regresar corriendo a Barcelona, porque habían ingresado a su padre en el hospital por enésima vez. Desde que había fallecido su madre, un año atrás, los pulmones se le llenaban de agua.

—*Eso es la pena, tu padre está muy triste* —decía Lila.

Fue a verle al hospital. Dudaba de si dejarse puesta la cruz de Swarovski que le había regalado Jordi y que llevaba siempre. Lo hizo, aun sabiendo que eso daría pie a algún comentario.

Cuando entró en la pequeña habitación de hospital, poco quedaba de aquel pedazo de hombre que había sido el señor Millà. Lo encontró sentado en una silla, almorzando en una de esas tristes bandejas de plástico. Ella le plantó un tierno beso en la mejilla. Luego se sentó delante de él para hacerle compañía mientras comía. Estaba concentrado, sin apartar los ojos del plato, mientras daba cucharadas a la sopa de fideos. Callado. Triste. Acabado. De repente, levantó la mirada hacia ella y clavó sus ojos a la altura de la cruz. Se quedó inmóvil un instante y, levantando las cejas, dijo:

—Coño, ¿es que te has vuelto carca?

—Sí, papá —dijo ella sonriendo.

—Pues reza por mí.

Y bajó la mirada hacia el plato hasta que se terminó la sopa.

Años más tarde, en una sesión de terapia, su psicóloga le preguntó si lo había hecho.

—¿Qué cosa?

—Rezar por él.

—¡No!

—Pues hazlo. Te lo pidió.

De ese ingreso logró salir. Del siguiente, no. Lo último que le dijo, antes de cerrar los ojos, fue:

—Os quiero mucho.

15

Era verano y pasaban sus vacaciones en la casa de Horta. Ondina se había ido de campamento al Lluçanès.

Al amanecer, antes de que el sol los quemara, salían a correr tres cuartos de hora por senderos que bordeaban los almendros y los olivos. Martina se daba cuenta, día tras día, de cómo mejoraba su forma física. Animada por los resultados, había dejado de fumar hacía una semana.

Él ya estaba fibrado, era delgado y ágil. Tenía cuerpo de atleta de maratón. Llevaba una vida tan sana —no fumaba, no bebía y llevaba años saliendo a correr todas las mañanas con ese pantalón corto— que le envidiaba. Ella, en cambio, siempre estaba en guerra con sus formas redondeadas, y luchaba por no fumar y no beber tanto.

Jordi iba por delante, a unos veinticinco metros de ella. Se conocía tanto los caminos que habría podido recorrerlos con los ojos cerrados. Aquella mañana le dijo que irían por la senda del río, que había más sombra. Ella le siguió.

Tras diez minutos corriendo a buen ritmo, ella empezó a sudar. Sus pensamientos iban desfilando libremente.

«Esto es lo que me va a quitar ese par de quilitos que me sobran». Y se imaginaba cómo le quedarían los vaqueros que se había comprado, cuando llegara septiembre, y la falda de tubo negra, esa que tanto le gustaba pero que la obligaba a meter barriga, y el traje de chaqueta rosa que ya no podía abrocharse y que se había puesto para ir bien arreglada, y…

Con todas esas fantasías en la cabeza, no se dio cuenta de que Jordi se había caído. A punto de tropezar con él, frenó en seco en el último momento.

—¿Qué te ha pasado?

Incorporándose rápidamente del suelo, él dijo:

—No lo sé… Debo de haber dado un traspié.

—¿Te has hecho daño? —le preguntó ella mientras lo examinaba.

Vio que tenía un rasguño en la rodilla derecha y otro en la palma de la mano izquierda.

—Quizás haya sido una raíz de esas tan puñeteras que sobresalen en el terreno —dijo ella buscando la culpable del accidente.

Pero no vieron nada. Ni una raíz, ni una piedra. Nada.

—Continuemos que, si no, nos enfriaremos —dijo él, poniéndose de nuevo en marcha.

Y siguieron corriendo para cumplir los cuarenta y cinco minutos que se habían propuesto.

Cuando ya estaban a punto de completar el recorrido, ella se sentía muy presente, con todos sus sentidos abiertos y receptivos. Escuchaba el piar de los pájaros, el sonido de sus pisadas sobre la tierra. Sentía el olor de los almendros, el calor veraniego, el sofoco en la cara y la sangre bombeando por todo su cuerpo.

¡Cataplam! Él cayó de bruces otra vez.

—¿Qué te ocurre, amor? —le preguntó alarmada—. ¿Estás bien?

—Sí… No sé. No lo entiendo. Debo de tener algo en el tobillo. En casa lo miraré bien.

Se levantó como un relámpago y prosiguieron la marcha hasta terminar el entrenamiento con un remojón refrescante, utilizando la manguera del patio.

Mientras preparaban el almuerzo con el TN[15] de mediodía puesto, escuchaban las noticias. De vez en cuando echaban un vistazo a las imágenes. Les llamó la atención una astronauta norteamericana que enviaba un mensaje desde el espacio. Se apresuraron a ponerse delante de la tele. Flotando en la ingravidez de la nave, alertaba a la comunidad humana de que el planeta estaba herido, que desde allí se veían los inmensos claros deforestados de la Amazonia y que eso podía provocar un desastre natural sin precedentes. Advertía que, si no lo remediábamos inmediatamente, nos iríamos todos a tomar por saco. Y, como si nada, luego saltaron a los deportes.

La noticia era tan impactante y dramática que pensaron que la volverían a emitir en el TN de la noche, que seguramente traería cola, provocando un debate ecológico profundo para que se tomaran decisiones políticas.

Salieron al patio a comer. Después del almuerzo, del sol y del vino, se relajaron a la sombra de la parra, disfrutando del canto de las cigarras hasta quedarse dormidos.

Todas las tardes, cuando el calor aflojaba, leían tumbados plácidamente en el columpio de cojines blancos del jardín. Con las piernas entrecruzadas para sentir la piel del otro, disfrutaban de la lectura y, de vez en cuando, levantaban la vista para contemplar la tarde.

Contemplar.

Meditar.

No hacer nada.

Sentir la existencia desnuda.

Simple, tan simple.

Tardes maravillosas de verano.

A Jordi le gustaba ir con alpargatas. Pero, aquella noche,

---

[15] NdT: siglas del Telenotícies, el noticiero de la televisión autonómica catalana.

al levantarse del columpio, no pudo hacer el típico movimiento prensil para meter el pie. El izquierdo, porque el derecho ya estaba dentro del calzado.

Le hizo gracia. Y, mientras intentaba mover los dedos arriba y abajo y se daba cuenta de que no respondían, reía.

De repente, a Martina le atravesó una iluminación visual. Una imagen tan clara como huidiza. Veía a Jordi frente al mar, mirando el horizonte. A veces ella tenía sensaciones, intuiciones extrañas que no comprendía, que la desquiciaban y no sabía qué hacer con ellas. Simplemente ocurrían.

«Tienes un potencial que te viene de la familia de tu madre, pero debes abrir el canal», le decía siempre Lila.

Sin darle más vueltas, le dijo:

—Cuando volvamos a Barcelona, si todavía te dura, deberías ir al médico.

—Ya pasará, seguro que no es nada.

Aquella noche volvieron a mirar el TN por si repetían la noticia. No lo hicieron. Y cuando preguntaron a sus amigos, nadie lo había visto, como si eso no hubiera pasado. Años más tarde, ella buscaría en Google información relacionada con el espacio del año 2005, para validar la noticia fantasma que persistía en su memoria. Efectivamente, la astronauta Eileen M. Collins había comandado la misión STS-114 aquel mismo verano.

16

Llegó el otoño. Viendo que la falta de movilidad de los dedos del pie izquierdo se agravaba, y que empezaba a afectar a los dedos del pie derecho, decidieron acudir al médico. A ella le costó dos meses de obstinada insistencia convencerle. Había sido muy terca. Mucho. Que no le gustaban los médicos, decía él. Que no creía en ellos. «La madre que te parió», pensaba Martina. Aquella moda *New Age* de la época la sacaba de sus casillas.

El doctor Civit era el médico-homeópata de cabecera en su familia desde hacía años. Le tenían confianza absoluta. Les había visitado para tratar anginas, gripes, resfriados, dolores de estómago, estrés incluso, y siempre les había funcionado muy bien.

Repantingada en un sofá de pana amarronado de la sala de espera, Martina hojeaba un ejemplar del *National Geographic*. Cuando hacía ya una hora que Jordi había entrado en la consulta, y ella se había tragado la revista entera, Civit abrió la puerta y la hizo entrar.

—No os asustéis, pero será mejor que vayáis al neurólogo. Él no se asustó. Ella sí.

Cuando se quedó a solas en casa, buscó en Google «enfermedades neurológicas». Tenía un desconocimiento absoluto de la materia, prácticamente no sabía ni qué patologías trataba un neurólogo. Lo primero que encontró fue «esclerosis múltiple». Como un relámpago, le vino encima la imagen de Miquel Martí i Pol[16] y se quedó clavada en la silla. La atravesó un escalofrío repentino y tuvo que apagar el ordenador.

Salió al rellano y llamó a la puerta de Elisabet para contarle lo que acababa de leer.

—Estás temblando. Entra…

Mientras le preparaba una taza de té verde con jazmín y la onza de chocolate de todas las tardes, le recomendó que no mirara nada en Google. Solo servía para alarmarse. Se sentaron a la mesa redonda de la galería, cubierta con un mantel de algodón estampado de flores.

—Cálmate, ya verás como no tiene nada de eso. No le des más vueltas —añadió.

Tomaron el té, pero Martina estaba ausente. Se había asustado en serio. Al regresar a casa, se dio cuenta de que las piernas le fallaban. Temblaban. Toda ella temblaba. Y ese temblor interno la sacudía hasta la médula.

Cuando llegaron Ondina y Jordi, que venían de la piscina, su hija preadolescente gritó:

—Mamá, ¿qué hay para cenar? ¡Me muero de hambre!

Ella disimulaba, pero preparó las judías verdes al vapor y la tortilla a la francesa con las manos aún temblorosas. La cena transcurrió entre risas y bromas en la mesa, pero una punzada interior no le dejó pegar ojo en toda la noche.

Mientras esperaban la visita con el neurólogo de la Seguridad Social —tardaron dos meses en darle hora—, la punzada en el estómago se iba transformando en vértigo.

[16] NdT: célebre poeta catalán que pasó la última etapa de su vida postrado en una silla de ruedas.

Era como si caminara por el abismo, presintiendo que en cualquier momento podía precipitarse de forma inevitable. Una caída libre.

17

Camino del neurólogo, Jordi parecía tranquilo. Martina se hacía la despreocupada, pero por dentro era un manojo de nervios. No le había revelado su búsqueda de información en Google sobre los síntomas, porque temía que esto le angustiara. «Es culpa mía si he metido las narices donde no me llaman —se repetía—, pero si tiene eso que he leído, será terrible...».

Se encontraban en la parte antigua del hospital de Sant Pau. Por fuera era precioso, con aquellos pabellones rodeados de espacios verdes. En otro momento se habrían detenido a contemplar la bella arquitectura modernista, pero tenían la cabeza ocupada buscando el pabellón número tres.

Al fin dieron con él. Entraron. No había nadie. Era una sala desangelada. Sólo una joven detrás de un mostrador a quien Jordi dio el DNI y la tarjeta sanitaria.

—Siéntese aquí y esperen. Ahora les atenderá el doctor.

Se sentaron en un banco de madera. Muy cerca había un hombre de unos cincuenta años en silla de ruedas. Estaba completamente rígido y le costaba respirar. Le acompañaba una señora mayor. Por su cara de agotamiento y dolor, debía de ser su madre. Se miraron de reojo y se tomaron las manos.

—No te preocupes que, si te quedas así, nos lanzaremos por un barranco, como en *Thelma y Louise* —dijo ella con su habitual humor negro.

—¿Y si no quiero? —respondió, muy serio.

Fue entonces cuando se dio cuenta de que también él estaba preocupado, aunque en ningún momento lo había manifestado.

Ella pensó que no soportaría vivir como aquel hombre. Preferiría morirse. Y cerró los ojos para ahuyentar esos terribles pensamientos, apoyando la cabeza contra su hombro.

Se abrió una puerta y salió una enfermera.

—¿Jordi Gispert?

—Sí.

—Vengan por aquí, por favor.

Mientras la seguían, estaban entrando sin saberlo en un agujero negro; un túnel del que ya no podrían escapar, sometidos a una fuerza gravitatoria inexorable que les arrastraría hasta el fin.

Se adentraron por un pasillo tétrico, húmedo, espantoso. Recordaba a un sanatorio de locos del siglo XIX. Torcieron a la derecha, después a la izquierda, y otra vez a la derecha. En las paredes de color verde claro y desgastado no había absolutamente nada.

Ella necesitaba hacer alguna broma, pero se contuvo. Jordi estaba muy serio. Le tomó la mano. Estoy aquí. Estamos juntos. No te dejaré solo. Te protegeré, amor. Caminaban detrás de la enfermera hasta la sala de los *electroshocks*.

Les hicieron sentar: él en una camilla, ella en una silla. No era un lugar amable. Martina le miraba fijamente, en silencio, haciéndole saber que saltaría a la yugular de quien le hiciera daño.

Entró un médico. Un «buenas tardes» seco. Ni una ligera sonrisa. Lo sometió a pruebas mecánicas mientras estudiaba los movimientos de sus ojos, de los brazos, de las piernas, así como el equilibrio para valorar la psicomotricidad. Luego dijo que le harían otra prueba para descartar una enfermedad muy grave. Un electromiograma. Primera vez que oían esa palabrota.

—Es una prueba sofisticada que valora el funcionamiento del sistema nervioso. Le hará un poco de daño —advirtió el médico.

«Cuando dicen un poco… Puedes estar segura de que me lo torturarán», se dijo ella.

Le hicieron tenderse en la camilla y le pincharon el cuerpo con una especie de agujas que salían de un aparato que ni él ni ella podían descifrar.

—¿Aguantas bien? —preguntaba la enfermera.

—Sí, sí… —decía él mientras respiraba profundamente con los ojos cerrados.

«¿Qué va a decir?», pensaba Martina. Durante la media hora interminable que duró la prueba, las emociones le subieron del estómago a la cabeza. Pensó que odiaba a los médicos y los hospitales y las enfermedades. ¿Por qué le tenían que someter a esa tortura?

—Ya puedes vestirte —concluyó la enfermera en un tono frío e impersonal—, y esperen aquí hasta que salga el doctor.

En los ojos verdes de Jordi se podía leer que le habían hecho mucho daño.

Esperaron sin hablar en ningún momento.

Cuando el doctor llegó, con cara de acelga, declaró:

—Se trata de una enfermedad neurodegenerativa, pero todavía no sabemos cuál. Hay que esperar unos meses para ver cómo evoluciona.

Primera descarga eléctrica.

Se habían quedado paralizados. Electrocutados en la silla. Finalmente, ella balbuceó:

—Pero… esta… la que quería descartar… ¿la grave?

—Aún no lo sabemos. Debemos ver cómo evoluciona.

—Y mientras tanto, ¿qué podemos hacer? ¿Qué tratamiento hay? —preguntó Jordi.

—No existe tratamiento. Desgraciadamente, estas enfermedades no tienen cura.

Fueron incapaces de pronunciar una sola palabra más. Ni un sonido. Ni un grito.

Ni una lágrima. Nada.

El médico, entonces, se levantó y les tendió la mano.

—Vuelvan dentro de tres meses para ver cómo ha evolucionado. Entonces podremos saber algo más.

El agujero negro borró la memoria de aquella mañana. Imposible recordar nada más. Aturdidos, pero muy juntos, como si les hubieran pegado los cuerpos y las manos, huyeron del maldito hospital de Sant Pau. De aquel lugar terrorífico. De aquella pesadilla. Lejos. Muy lejos de allí.

Y caminaron, caminaron, caminaron… sin decirse nada hasta llegar al parque del Guinardó. Sentados en la plaza del Nen de la Rutlla, como dos pequeñas almas desoladas, rompieron a llorar.

«¿Una enfermedad neurodegenerativa? Pero ¿por qué? ¿Por qué nos ha tocado esto? ¡Si somos buena gente, hostia! Y Jordi ni fuma ni bebe. Es deportista y ama la naturaleza y la vida. Tiene buen carácter… ¿Qué hemos hecho mal? ¡Qué hemos hecho mal! ¿Y qué es exactamente una enfermedad degenerativa? ¿Y cuál es? ¿La más grave? ¿O es otra? ¿Y ahora qué será de nosotros? ¿Y no tiene tratamiento? ¿Qué cojones significa que no tiene tratamiento?».

18

La gira de los cuentos zen proseguía. Desde muy joven, Martina se había sentido atraída por las filosofías orientales. «Tienes que leer esto», le había dicho Mateu, el amigo del instituto con el que compartían fumados las magníficas clases de filosofía de COU. Y fue así como a los diecisiete años descubrió *Siddhartha* de Hermann Hesse, y quedó tan cautivada por la historia que siguió investigando acerca del budismo y el taoísmo. Sin embargo, no fue hasta aproximarse a la treintena que se inició en la práctica de la meditación.

Fue el verano del 93 cuando acudió a un piso de la plaza Sant Agustí Vell, en el barrio de Sant Pere de Barcelona, a preguntar qué era eso del zen. Antes llamó a Lila:

—Esta noche me asomaré a un antro de budistas. Si por la noche no te he llamado, ven a buscarme. Con la policía, por supuesto.

Y le dio la dirección.

En el número 6 de la plaza había una vieja puerta de madera. A la izquierda, en la pared, tres timbres. Uno tenía escrito a mano dojo zen. Llamó. Sin voz alguna que le preguntara nada, la puerta se abrió.

Tras subir un par de plantas por unas escaleras estrechas y destartaladas, llegó al segundo piso. La puerta estaba abierta.

Entró. Allí dentro, una docena de personas se preparaban para la meditación de la tarde. De una bolsa de tela negra sacaban una ropa marrón cosida con puntadas de hilo blanco. La bendecían con un extraño ritual: doblada como una servilleta, se la dejaban un par de minutos sobre la cabeza, cerraban los ojos y pronunciaban una oración en voz baja. Al terminar, se la colgaban en el cuello como un babero.

Se le acercó un chico con la cabeza rapada. Vestía un kimono negro de estilo japonés que le llegaba hasta los tobillos, y llevaba el babero marrón puesto. Iba descalzo. Ella le miró los pies. Parecían limpios. ¿Las uñas? Cortadas y limpias.

—¿Es la primera vez?

—Sí.

Pidió a Martina que colgara el bolso y la chaqueta en una percha, que se descalzara y le siguiera hasta la sala donde se hacía la meditación.

—Eso es el *dojo*. Entramos con el pie izquierdo.

Lo hizo.

—Y saldremos con el pie derecho.

—Vale —dijo ella.

Todo el mundo entraba con el pie izquierdo. En silencio. Se iban sentando sobre unos cojines redondos y negros, con las piernas dobladas y frente a la pared. El cabeza rapada la acompañó hasta uno de los cojines.

—Aquí.

Le explicó:

—Tienes que sentarte en el cojín, con las piernas dobladas, frente a la pared. Los ojos entreabiertos. Quieta. Espalda recta.

La cabeza mira hacia delante. Clava tu mirada en un punto, a unos cuarenta y cinco grados, respira tranquilamente y deja pasar los pensamientos. No deshagas la postura, pase lo que pase. No te aferres a nada. No rechaces nada. Déjalo pasar todo. Así durante treinta y cinco minutos. Sonará la campana tres veces para empezar el *zazen*[17] y dos veces para terminarlo. Cuando acabe la meditación, te levantas, dejas el cojín bien puesto, caminas hasta la salida y haces *gasho*. Así, juntando las manos —se lo enseñó—, inclinas la cabeza delante del Buda y sales con el pie derecho.

Se sentó. «Soy flexible, la postura no me va a costar. El problema lo tendré para no moverme en treinta y cinco minutos, yo, que soy tan nerviosa. Y luego está la claustrofobia, por supuesto».

Tres toques de campana. Ella siguió mentalmente la vibración del sonido hasta que se disolvió en el espacio. Se hizo el silencio en la sala. Allí tampoco llegaba el ruido de la ciudad. Silencio. Más silencio. Más silencio. Todo el mundo estaba quieto.

Le vino un sudor frío. «¿Dónde me he metido?». Para concentrarse, centró la mirada en una gota de pintura seca que había en la pared blanca mientras respiraba profundamente. A los pocos segundos, veía desfilar figuras abstractas de color rojo, verde, azul y blanco, sin significado alguno. Eran fenómenos de luz y percepción, se dijo. Aparecían y desaparecían, se transformaban, se movían. «Déjalo pasar. Déjalo pasar. Déjalo pasar…». Perdió la noción del tiempo. De repente, oyó una voz grave, como si saliera de las profundidades de la tierra:

—No hay camino… —una pausa laaaaaarga captó toda su atención— que nos lleve… —otro silencio larguísimo— a la cima de la montaña.

«Debe de ser un poema», pensó. Y mientras se preguntaba por qué lo recitaba tan despacio, esperó a ver si el poema continuaba, pero la espera fue tan larga que los pensamientos secuestraron de nuevo su atención.

---

[17] NdT: Meditación sentada.

Transcurrido un rato, cuando ya se había olvidado de la montaña y de dónde estaba, un golpe de voz impostada, con cadencia fonética japonesa, la devolvió a la sala.

—Sin embargo… —otra pausa larga—, uno puede ser… —Esperó el desenlace de ese coño de frase…— la montaña. —Y se calló. Había terminado. Ahora sí.

¡Lo he entendido! No sé exactamente qué, pero ¡lo he entendido! De forma irracional, orgánica. ¡Pam! Soy una montaña.

Le pasaron los treinta y cinco minutos volando. Después, dos toques de campana. Fin. Cuando quiso desdoblar las piernas, se dio cuenta de que las tenía completamente dormidas. Se levantó como pudo y salió del *dojo* cojeando. Primero el pie izquierdo. ¿O era el derecho? Ay, no lo sé. Salgo con el izquierdo, que lo tengo a punto.

Una vez fuera, recordó que tenía que saludar a Buda y que no lo había hecho. Espero que no me lo tenga en cuenta. El cabeza rapada se acercó a preguntarle cómo le había ido y ella respondió:

—Parece mentira que haya logrado permanecer inmóvil durante treinta y cinco minutos. Soy muy nerviosa.

—Si has sido capaz de hacerlo una vez, serás capaz de hacerlo siempre. Ven cuando quieras.

Aquella noche llamó a Lila:

—Todo bien, niña. Son raritos, pero no es una secta.

Se acostumbró a ir a menudo. También a leer poesía zen, cuentos zen y libros de budismo zen. Se había entusiasmado por esa estética simple y elegante en todas sus expresiones. A partir de ahí empezó a llevar una doble vida. La de actriz visible, lucida, admirada y fácil de compartir, y la otra, la interior, la cuestionada, la secreta.

19

Con el corazón roto y la cabeza a mil, volvió a entrar en Google. Necesitaba identificar causas, síntomas, tratamientos. Investigaba con avidez las sintomatologías de todas las enfermedades neurodegenerativas. Estaba casi segura de que lo que tenía Jordi no era esclerosis múltiple, porque había algo que no cuadraba. La descartó. ¿Cuál podía ser? Había unas cuantas. Muchos nombres que no había oído en su vida. Las señales que enviaba el cuerpo de Jordi eran lo bastante claras: un tipo de parálisis sin dolor y sin hormigueo.

Descubrió una nueva palabra: *fasciculaciones*. Una especie de micromovimientos musculares intermitentes en las zonas afectadas. Se manifiestan en personas que tienen otro tipo de esclerosis llamada E.L.A. Devoró todo lo que decía el artículo con los ojos abiertos de par en par. Es escalofriante. ¿Cómo puede existir una enfermedad tan cruel? Pero Jordi no tiene fasciculaciones. ¿O sí? Quizás no me lo ha dicho… A partir de hoy estaré vigilante. Sabía que no debía cotillear por la red, pero no podía evitarlo. Apagó el ordenador. Suficiente.

Y salió a la calle.

20

Con la duda de si era una cosa u otra, se dispusieron a esperar los tres meses. Los días pasaban muy lentamente, y Jordi fue perdiendo de forma progresiva fuerza en las piernas. Andaba bien, pero se caía al suelo cada dos por tres. Ella sufría y le propuso utilizar un bastón.

«No me hace falta», repetía él con tozudez. Tampoco aceptaba unas muletas, que parecían más deportivas y daban la impresión de haberse roto una pierna o un pie o de tener cualquier impedimento temporal, recuperable, reversible.

Paseando por la calle, Martina no paraba de ver a personas que tenían problemas para caminar. Se preguntaba qué les pasaba y, escudriñando su manera de poner los pies en el suelo, la cara que hacían, si iban acompañados o no, deducía de forma intuitiva cuál podía ser el problema. Aquello la tenía completamente obsesionada.

En el escaparate de una tienda de antigüedades del casco antiguo vio un bastón de madera coronado con una cabeza de pájaro de bronce. Lo compró. Al llegar a casa, le mostró el bastón con una sonrisa.

—Me han dicho que es de los años cincuenta —dijo—. Es como si estuviera hecho para ti, ¿no crees?

Pero la respuesta de Jordi fue la que esperaba:

—Es muy bonito, pero no lo utilizaré. No lo necesito.

Y así fue cómo el bastón quedó aparcado en un rincón del recibidor, como símbolo silencioso de su negativa a aceptar la realidad. No hablaban del tema. Nunca. Sólo un día, cuando estaban en la cama, justo antes de dormirse, Jordi le dijo:

—Mira que si, ahora que estamos tan bien, las cosas se tuercen…

No supo qué contestarle, pero, en ese justo momento, Martina decidió que, pasara lo que pasara, no le dejaría solo con aquello, que estaría a su lado. Se miraron, atemorizados y vulnerables. Se abrazaron muy fuerte e hicieron el amor con el dolor dentro, convencidos de que mientras estuvieran juntos no les podía pasar nada malo.

21

Decididos a buscar una segunda opinión antes de que pasaran los tres meses, acudieron al servicio de neurología de Bellvitge, un espacio que les resultaba nuevo y esperanzador. Estaban especializados en este tipo de enfermedades.

«Aquí nos atenderán bien, amor. Ahora sí. Aquí sí. Ahora todo irá bien».

Le hicieron todas las pruebas. De nuevo. Exactamente las mismas, con tortura incluida; pero ellos las vivieron de forma menos traumática. Quizás porque los sanitarios les parecieron más amables, o porque ya sabían de qué iba la cosa.

Al terminar, les pidieron que se quedaran en la sala de espera. Se sentaron en un banco libre. Enfrente había una mujer de unos sesenta años en silla de ruedas. Le colgaba la cabeza hacia un lado. La acompañaba una joven de unos veinticinco años. «Será su hija», pensó Martina. Las miraba de reojo. No bromeó en ningún momento. No tenía ganas. El humor negro se había esfumado. Jordi la tomó de la mano. La tenía calentita.

Cuando salió la enfermera, se levantaron ambos a la vez.

—Vuelvan dentro de quince días. El resultado de las pruebas debemos valorarlo con todo el equipo. Pueden pedir hora abajo en recepción.

¿Quince días más? Ella soplaba y resoplaba ante una espera que se le hacía eterna.

Jordi, que era un maestro de la paciencia, la ayudó a pasar aquellos quince días animándola con la esperanza de que el nuevo diagnóstico sería diferente. Por la noche, veían películas con Ondina, a quien él iniciaba en el mundo del musical de Hollywood.

¿Aún no has visto *Grease*? E iba a Video Instan a alquilar un DVD. Y la veían. ¿Aún no has visto *Dirty Dancing*? Y la alquilaba. Y la veían. ¿Aún no has visto *Cantando bajo la lluvia*? ¿*West Side Story*? ¿*Cabaret*? Y así todas las tardes.

Martina los contemplaba emocionada. «Cómo se aman y cómo se entienden este par». Y se reafirmó en la decisión de mantener a Ondina al margen. No le habían dicho nada de la enfermedad.

Volvieron a Bellvitge. Esa vez, Jordi iba con el bastón. Sonreía. Martina estaba enamorada y lo encontraba elegante y tremendamente interesante.

—Pareces un caballero salido del sanatorio de *La montaña mágica*, sólo te falta un sombrero —le decía ella.

Las imágenes descritas por Thomas Mann habían creado un mundo de enfermos, en su imaginario, difícil de olvidar. Pero ni aquello era Suiza ni estaban en el siglo XIX. Por unos instantes, se había evadido de la realidad.

Por la misma puerta que habían cruzado quince días atrás salió una mujer pequeñita, morena, vivaracha, simpática. Les dijo que entraran en su despacho. Detrás de la mesa estaba el doctor que le había hecho las pruebas. Su cara era un poema.

«No sé si es consciente de ello», pensó ella.

—Tenemos los resultados. Es una Esclerosis Lateral Amiotrófica —dijo muy serio.

Martina miró a la doctora. Su rostro estaba sereno. No ponía cara de gravedad. Miró a Jordi, que se había quedado pálido. Inmóvil. Mudo. Volvió a mirar al doctor.

—Es una enfermedad degenerativa —continuó el médico—. No sabemos por qué, pero las neuronas motoras que transmiten la información a los músculos van muriendo. No se pierde la sensibilidad, sólo el movimiento. Cada caso es diferente y evoluciona de forma desigual, pero no tiene tratamiento.

—¿Qué significa que no tiene tratamiento? —preguntó Martina.

—No sabemos cómo curarlo de momento. Se está haciendo mucha investigación, vamos avanzando, pero hasta ahora no hemos encontrado todavía la manera de…

—¿Cuál es el pronóstico? —preguntó Jordi.

—Depende de los casos. Como digo, no siempre evoluciona igual. El cuerpo se va paralizando hasta llegar a los pulmones. Hay personas que viven siete u ocho años y otras viven dos. Y después está el caso de Stephen Hawking, que lleva quince, pero es un caso excepcional.

—¿Cuántos me quedan a mí?

—Es difícil de predecir…

—¿Dos? ¿Ocho? —insistió Jordi.

—Creemos que no más de cuatro.

—¿No hay nada que hacer? ¿Nada en absoluto? —preguntó Martina. Y sintió que un sudor frío le helaba la sangre.

—Desgraciadamente, no.

—¿Y no existe ninguna posibilidad de curación?

—Solo un milagro —dijo el doctor expresando su impotencia.

—¿No puede detenerse con un cambio en la alimentación o de vida, o haciendo acupuntura u homeopatía? He leído por internet que…

—Yo no puedo decirle que no lo pruebe, por supuesto —continuó el doctor—, pero nada de esto está demostrado científicamente. Y les recomiendo que no busquen en internet. Hay muchas mentiras. Y muchas estafas, también.

Estaban clavados en sus sillas sin saber qué decir ni qué hacer. Les salvó la doctora, que era decidida y resolutiva.

—Volved dentro de una semana, que pondremos en marcha el protocolo. Haremos todo lo posible para retrasar al máximo el proceso degenerativo. De momento, comprad litio en la farmacia, que es un regenerador del sistema nervioso. Muchos pacientes lo toman. No necesitaréis receta, pero os la hago. Aquí la tenéis.

Salieron del despacho y caminaron lentamente hacia la puerta principal, rotos en mil pedazos. Tuvieron que detenerse a mitad del pasillo para apoyarse contra la pared, escondiéndose para que nadie viera que estaban llorando desconsoladamente. Juntos. Unidos. Enamorados.

¿Por qué da tanta vergüenza llorar en público? ¿Por qué en los hospitales no se construyen unas salas terapéuticas para poder expresar la impotencia, la rabia y el dolor que se siente cuando te dan una noticia como ésta y poder, así, salir con algo más de dignidad por la puerta principal?

22

Con el cuerpo trémulo y desencajado, como si les hubiera caído un rayo encima, empezaron una nueva vida.

Martina sólo tenía tres palabras en la cabeza que la obsesionaban: *Esclerosis Lateral Amiotrófica*. Su corazón, inflamado de dolor, lloraba y lloraba por las calles de Barcelona. Aun así, todas las mañanas su cuerpo, con una fuerza que no sabía de dónde salía, se levantaba de la cama y seguía haciendo la vida que tenía que hacer. ¿Era por inercia? ¿Por supervivencia? ¿Para huir del dolor? ¿Para fingir que no pasaba nada? Deseaba con todas sus fuerzas que el mundo se detuviera, que Zeus enviara rayos y truenos y que el fin del mundo llegara de una vez. Pero Zeus no hizo nada.

Bajó con la moto a ver el mar. Alzando la cabeza, mientras miraba el cielo, desafió al creador y le dijo que no había derecho y que se fuera a tomar por…

SEGUNDA PARTE

1

El diagnóstico definitivo era implacable. La ELA conduciría a Jordi a una parálisis progresiva que le dejaría completamente inmóvil. Martina lo vio claro.

Tendremos que irnos de aquí.

No podía sacarse de la cabeza la imagen de *Johnny cogió su fusil,* otra película que le había impactado profundamente. La conciencia encarcelada dentro de un cuerpo que no puede comunicarse. Una muerte en vida. Terrorífico. De todas formas, había diferencias importantes: Jordi no perdería los sentidos. Tendría las ventanas sensoriales abiertas al mundo hasta el último instante. Vista, oído, tacto, gusto y olfato. Tampoco perdería las facultades del pensamiento. Interpretar, comprender, reflexionar, crear, imaginar, intuir. Ni la capacidad para sentir alegría, miedo, tristeza, rabia, dolor y alegría. Y podría comunicarse. Con dificultad, pero podría hacerlo.

Y todo eso, ¿era mejor o peor? No había tiempo para responder a esa pregunta, porque, en cualquier caso, lo veía claro.

Tendremos que irnos de aquí.

Y lo antes posible.

Le habían dado cuatro años de vida. A lo sumo. Cuatro años en los que se iría paralizando lentamente. O rápidamente. No lo sabían.

¿En qué momento ya no podría subir y bajar escaleras? Vivían en un cuarto sin ascensor.

Tendremos que irnos de aquí.

¿O podemos pedir que nos pongan uno?

Hacía años que Elisabet lo reclamaba al señor Rius, el propietario de la finca, el de las palomas, el de los hijos aborbonados, pero él siempre le daba largas. Ahora era distinto. Martina estaba casi segura de que comprendería la necesidad imperiosa de instalar un ascensor en el inmueble, que tenía la obligación moral de hacerlo, que era urgente y necesario.

Bajó las escaleras hasta el entresuelo y llamó al timbre. El señor Rius en persona entreabrió la puerta.

—¿Qué quieres?

Él. Tan amable como siempre.

Ignorando su actitud grosera, le explicó confiada que a Jordi le habían diagnosticado una enfermedad degenerativa, que como mucho le daban cuatro años de vida, que a partir de cierto momento ya no podría subir escaleras, que era una situación muy complicada, que no sabía cómo se las apañarían y que le pedía, por favor, si podía iniciar los trámites para poner un ascensor en la finca.

—Oh, ¡pero esto vale mucho dinero!

Iba preparada y siguió.

—Lo sé. Pero podemos pedir una subvención al Ayuntamiento. Hay una ley que obliga a los edificios a la «supresión de barreras arquitectónicas…».

Rius la cortó.

—Oh, pero esto es muy complicado.

Mientras le llegaba el olor a estofado que debía de cocinar la señora Rius, Martina, armándose de paciencia, le enseñó el documento oficial impreso que explicaba todo el proceso de instalación del ascensor.

—No es complicado. Mire, esto es la ordenanza del Ayuntamiento para regular la supresión de las barreras arquitectónicas. —Y, en voz alta, poniendo énfasis en estas palabras, leyó—: «Se obliga a todos los edificios a mejorar la accesibilidad para que personas con movilidad reducida puedan transitar fácilmente». Tenga, se lo dejo para que lo lea con calma —le dijo mientras le daba el documento.

El señor Rius lo rechazó, respondiendo:

—¡No quiero esos papeles! Ya me los trajo hace tiempo Elisabet, la del tercero primera. Nos lo miramos en su momento. La subvención sólo cubre el cincuenta por ciento de los gastos y, para pedirla, hay que empezar las obras. Y yo debería adelantar el dinero. Y no tengo dinero, ahora.

—¿No podría subirnos un poco el alquiler? Así lo pagamos entre todos los vecinos. Todo el mundo necesitará un ascensor tarde o temprano. Y usted revalorizaría el edificio.

—¡Que no! ¡Que ya te he dicho que yo tendría que avanzar el dinero para empezar las obras! Y te aseguro que ahora no me va bien, niña. Me esperan en la mesa.

Y cerró la puerta.

Martina se quedó en el rellano de la escalera, pasmada.

«¿Me ha llamado nena ¡¿Me ha llamado nena?!».

Experimentó una rabia y una impotencia tan fuertes que las tuvo que ahogar, guardándolas en el vientre y en la garganta para no montar una escena mientras subía a su casa.

Estaba claro que no podía contar con el señor Rius, propietario de varios edificios modernistas de la ciudad. No tenía corazón. Él, su esposa y todos sus hijos aborbonados vivían en el entresuelo. Y sus palomas tenían alas.

Lo vio clarísimo:

Tenemos que irnos de aquí.

2

Ya tenían el diagnóstico definitivo, pero volvieron al doctor Civit para explorar alternativas de tratamiento. En la mesa del despacho, sobre un atril de madera, había un libro de alquimista con cubiertas de piel marrón oscuro que los tenía fascinados. Estaba abierto y se adivinaba una letra muy pequeña en las páginas de papel de biblia. Tras hacerle mil preguntas a Jordi, entre ellas si había antecedentes de la enfermedad en la familia —«No, que yo sepa»—, lo hojeó, callado y reflexivo. Ellos dos, depositando en el libro del hechicero todas sus esperanzas, le miraban expectantes.

—Bueno, vamos a hacer algo. Intentaremos parar esta enfermedad. No prometo nada, pero lo intentaremos —dijo para animarlos.

—¿Has tenido algún paciente con ELA? —preguntó Jordi.

—Sí.

—¿Y se ha curado? —se atrevió a preguntar Martina.

—Ahora os cuento lo que podemos hacer. Empezaremos el tratamiento con un nuevo remedio.

Civit se levantó de la silla para dirigirse a un viejo armario de madera restaurada con una treintena de cajones, organizados por las letras del alfabeto.

Abrió uno. Buscaba el brebaje para luchar contra el mal. Sacó un tubo lleno de bolitas blancas, pequeñísimas, y vertió cinco en un frasquito de cristal marrón que contenía tres cuartas partes de agua. Después lo tapó y se lo dio a Jordi.

—Ten. Tomarás dos cucharaditas de café de este brebaje todas las noches durante tres semanas y me llamas para decirme cómo te ha ido. Y harás esta dieta: fuera lácteos, fuera gluten, fuera azúcares, y el pan que sea de espelta.

Martina les contemplaba pensativa. Civit no había respondido a la pregunta, pero ella no quiso insistir. A Jordi le había cambiado la expresión: tenía ganas de luchar, de hacer todo lo posible por curarse. Y ella, al darse cuenta, tardó solo dos segundos en tomar una decisión irrevocable: lucharía a su lado, apoyándole en todo lo que decidiera. También ella haría todo lo posible para que Jordi se curara.

Civit seguía con las indicaciones mientras escribía la receta.

—Comprad estas algas de espirulina, que refuerzan el sistema nervioso. ¿Tenéis sartenes y cazuelas de aluminio?

—Sí —dijo Jordi.

—Deshaceos de ellas, son muy tóxicas. Los utensilios de cocina deben ser de acero inoxidable o de hierro. Y si podéis, marchaos de la ciudad. Salid al campo. Es esencial intentar reforzar el sistema inmunitario a través de la meditación, los paseos por la naturaleza y los baños de bosque. Hay que elevar la energía. Debemos curar el alma.

¿Qué había querido decir exactamente con eso? ¿Que si se curaba el alma se le curaría el cuerpo? ¿Y qué era el alma? ¿La psique? ¿U otra cosa?

Ellos ya sabían que existen muchas afecciones psicosomáticas, estaban acostumbrados a las medicinas alternativas, pero la ELA es algo muy gordo. Aun así, se aferraron al rayo de esperanza que Civit les había dado, iniciando un viaje incierto lleno de dudas, pero también de esperanza.

La autorresponsabilidad de la enfermedad.

—Iré a Horta un par de meses. Pintaré. Voy a meditar. También escribiré. Intentaré reconectarme con la fuerza sanadora de mi cuerpo —dijo Jordi, resuelto.

Al día siguiente, explicó que tenía esta enfermedad a la dirección de la escuela donde trabajaba, a los alumnos y a la modelo, y que necesitaba tomarse unos días. Lo entendieron perfectamente.

¡Hola, cosita mía!

Creo que ésta es la primera carta que te escribo desde que nos conocemos. ¿No te parece increíble?

Estaba empezando a pintar unas nubes bestiales que se han formado alrededor del pueblo cuando se ha puesto a llover. Así que, mientras espero a que pare y el tiempo se decida a mantenerse quieto en algún sitio, te escribo para enviarte el dibujito aquel que te comenté: «Jordi enamorado».

Aunque te parezca extraño, ir viéndolo me ha animado en los momentos tristes. Espero que tenga el mismo efecto en ti.

No dejo de pensar en ti a todas horas, princesa mía. Bien, ahora vuelvo al trabajo porque parece que quiere parar de llover. Te quiero con locura.

Jordi
Horta de Sant Joan, jueves 8 de abril de 2006

3

Lila llevaba tiempo yendo a un centro de terapias alternativas que se llamaba FAC. Se lo recomendó.

—Griselda ha curado a un hombre de un cáncer terminal. Id allí.

Y fueron, claro, con la esperanza de frenar en lo posible el proceso degenerativo.

Ante un diagnóstico como ése, cuando los médicos te dicen que no hay tratamiento, ¿qué haces? «No vivirá más de cuatro años». «¿Y no existe ninguna posibilidad de curación?». «Solo un milagro».

¿Un milagro?

¿Y por qué no?

Stephen Hawking no se había curado, pero aún estaba vivo.

¿Cómo lo había logrado? ¿Y si desvelaban ese misterio?

Confiaron en el homeópata, sí, pero también visitaron un osteópata y un naturópata. Hicieron la dieta del grupo sanguíneo, buscaron una vidente, se hicieron leer el Tarot, las líneas de la mano, hicieron constelaciones familiares, trabajo energético con piedras, regresiones, acupuntura, consultaron el oráculo del *I Ching*, tomaban té verde, fueron a Montserrat a encender cirios, vieron documentales sobre el poder de la mente, compraron libros de autoayuda, leyeron sobre sincronicidades y sobre el pensamiento cuántico. Trabajaron su eneagrama —Jordi era un 5 y no se conectaba con la rabia; por lo tanto, necesitaba aprender a expresarla—. Probaron la medicina china del doctor Lee: la moxibustión, las gotas para la madera y el metal, las hierbas chinas, la reflexología, el taichí, el shiatsu y el chi kung. Aprendieron el arte del feng shui. Escribieron afirmaciones positivas y las colgaban en la nevera. Jordi redactó su biografía emocional para identificar dónde y cuándo el trauma había generado un *shock* en las células. Practicaron rituales de psicomagia, encendían velas de colores invocando la curación y miraban fijamente al Sol. Fueron a la feria de BioCultura a buscar más y más alternativas terapéuticas. Les leyeron el aura, les alinearon los chakras, se bañaron en aguas termales y les hicieron la carta astral.

Martina, con la firme voluntad de ayudar a Jordi en su curación, se formó como terapeuta gestalt y aprendió masaje shiatsu y reiki. Hizo un curso *online* para estudiar una técnica chamánica con una célebre monja budista canadiense. Purificó la casa con palosanto y ponía sal detrás de las puertas. Pidió ayuda a santa Rita, aunque le advirtieron que a santa Rita no se le puede pedir, porque después «te lo quita», la muy jodida. Hacía visualizaciones con luz blanca para limpiar, con luz roja para ganar energía, con luz verde para curar a Jordi, con luz violeta para conectar con su yo superior; se informó sobre la terapia con cristales, se compró una piedra de cuarzo y una lámpara de sal. También miró por internet una posible intervención con células madre que hacían en China, pero eso, gracias a Dios, no lo intentaron.

¿Por qué cuesta tanto aceptar la muerte?

4

Fina, la madre de Jordi, era una mujer pequeña y delgada, con una voz algo afónica. Aunque rondaba los setenta años, todavía daba clases de yoga.

Tras la muerte de Lluïsa, la anterior pareja de Jordi, había dicho a su hijo pequeño: «Tú dedícate a pintar y no te preocupes por el dinero». Y él había dejado de trabajar, y se había ido a vivir a la casita de Horta. De vez en cuando bajaba unos días a Barcelona para comprar libros, música, telas y óleos; cargaba el coche y volvía al campo. Todos los gastos los pagaba Fina. «No te preocupes por el dinero», le había dicho.

Aquellos diez años de retiro habían transformado al hombre y al pintor, convirtiéndolo en un maestro de la observación, del silencio y de la soledad, cualidades que plasmaba en su arte. Hizo una exposición en la Pinacoteca del paseo de Gràcia que tuvo gran éxito, y generó un buen ingreso en la cuenta común que compartía con su madre.

Con el regreso al desnudo, una disciplina que había comenzado en la universidad y que había abandonado posteriormente para dedicarse exclusivamente al paisaje, cerraba un ciclo vital. El movimiento natural de contracción a causa del duelo había llegado a su fin. Se abría una nueva etapa, marcada por la pintura de modelos al natural y la apertura al mundo. Por eso había regresado a Barcelona.

Cuando Martina y Jordi se conocieron, él floreció. Estaba radiante. Volvía a trabajar, e impartía clases de pintura en una escuela de Sarrià donde los alumnos le adoraban.

5

Un domingo por la tarde, Fina convocó a sus dos hijos a una reunión en el piso de la calle Astúries. Jordi pidió a Martina que estuviera a su lado. Los cuatro estaban sentados en la mesa del comedor.

Robert era el hermano mayor de Jordi, un hombre pequeño con la cabeza grande. Ecologista, anticapitalista y de izquierdas, pero con un discurso político demagógico y lleno de tópicos. Sufría de halitosis. Cuando se acercaba a Martina para hablarle, ella iba retirando lentamente la cabeza, haciéndole la cobra, y aguantaba la respiración hasta el límite de la apnea. Entonces, fingiendo un problema de cervicales, giraba el cuello hacia un lado y, abriendo la boca como un pez agónico, tomaba rápidamente una bocanada de aire, limpio de partículas malolientes. Tras llenarse los pulmones de oxígeno renovado, volvía a girarse hacia él, mientras rezaba interiormente para que aquella tortura se acabara.

Su olor a podrido era difícil de soportar.

Por suerte, aquel día no se sentó a su lado, sino enfrente, al otro lado de la mesa. De su bolsa de tela de Coronel Tapioca, Robert sacó una libreta de ahorros. La libreta que madre e hijo habían compartido durante diez años. La libreta que, desde que trabajaba y vivía con Martina, Jordi no había tocado.

Robert fue al grano:

—Te has gastado mil doscientos euros en dos meses. ¿Qué es esto de FAC? Ciento veinte, ciento veinte, ciento veinte, ciento veinte... y el mes pasado igual.

—Es un centro de terapias que hay en Vallvidrera. Estoy haciendo un tratamiento alternativo —contestó Jordi.

—Eso no puede seguir así, niño. Si continúas con este ritmo de gasto, ¡dejarás a mamá sin dinero! —le regañó.

Aquella declaración fue fulminante. Se hizo un silencio en la sala. El párpado del ojo derecho de Robert se descontroló, abriéndose y cerrándose de forma acelerada por un tic nervioso que revelaba su inquietud interior. Martina, estupefacta, miraba a Fina, que no decía nada y también se le había disparado el tic. Jordi, que no tenía ese tic, que nunca lo había tenido, declaró:

—Necesito hacer estas terapias. Será sólo un tiempo. Mamá siempre me ha dejado utilizar esta cuenta. ¿Verdad, mamá?

Todos los ojos se posaron sobre Fina.

—Sí, pero...

Robert terminó la frase:

—Es mucho dinero, niño, y estamos solo al principio de la enfermedad. Esto puede ir para largo y debemos administrarnos bien.

Martina no daba crédito a lo que oía. Mordiéndose los labios, se levantó de la mesa. No quería escuchar más. No eran maneras de hablarle a Jordi. Con esa condescendencia le estaban avergonzando, infantilizando, humillando.

¿No entendían que aquella era una enfermedad cruel que se lo llevaría en poco tiempo? ¿Qué clase de familia era ésta?

Para no provocar un conflicto, sabiendo que era capaz de explotar en cualquier momento —se conocía—, ella salió de casa y subió como una fiera los dos pisos de escaleras hasta llegar a la azotea.

Sentada en el suelo, se encogió como un gusano que hace bola.

Pocos minutos después oyó unos pasos que se acercaban. Levantó la cabeza. Era el hermano. De la piel del gusano salieron pinchos.

—¿Qué te ocurre?

Ella le miró con cara de pocos amigos.

—¿Que qué me pasa? ¡Que tu hermano se morirá dentro de tres o cuatro años! ¡Que dentro de poco ya no podrá subir estas escaleras y tengo que encontrar una planta baja o un piso con ascensor, que estamos intentando curar esta enfermedad por todos los medios posibles, que si me dicen que me arrastre como una babosa hasta Montserrat lo haré, que si tengo que comerme el corazón crudo de una ternera también lo haré, que estoy dando todo lo que tengo para ayudarlo, que estoy más sola que la una, porque Jordi tiene únicamente dos amigos y todavía no se lo ha contado, que esperaba que tú y Fina, que sois su familia, nos ayudarais económicamente, que es una enfermedad carísima y que estoy desesperada, hostia!

Y estalló en un llanto tan sentido que derramaba lágrimas a cántaros. No podía parar. Robert, callado, se quedó a su lado hasta que la erupción del volcán amainó.

—Yo tengo que proteger a mamá, Martina. Es mayor y puede vivir muchos años más. Si no controlo lo que Jordi gasta, un día se quedará sin dinero, y eso no lo voy a permitir.

—No tengo ni idea del dinero que tu madre tiene en el banco, pero la casa de Gràcia vale mucho dinero. Además, tiene ese local alquilado donde se encuentra la panadería, el garaje, el piso de al lado que también está alquilado y la casita de Horta. Cobra una buena pensión de viudedad. No se va a quedar sin dinero. Sólo que vendiera la casa de Horta, podría darle una muy buena vida a Jordi.

—Me sabe mal, Martina, pero no venderemos nada.

—¿Tú sabes lo que tiene tu hermano? ¿Sabes que, si no lo saco de aquí, tendrá una mierda de vida? ¿Que se quedará en una puta silla de ruedas mirando por la ventana? ¡Necesitamos otra casa!

Entonces, Robert dijo la tontería más grande que se haya dicho en la historia de las tonterías:

—Cuando llegue el momento de que no pueda caminar, avisas a un par de tipos fuertes y les pides que lo suban y lo bajen en brazos cada vez que quiera salir. Te costará dos duros.

Perpleja ante aquella recomendación, Martina se preguntó cómo podía ser que alguien con una cabeza tan grande tuviera un cerebro tan pequeño. Permaneció unos segundos mirándole con furia, pensando qué hacer con él. Si arrojarlo por el balcón, si arrancarle una oreja de un mordisco o darle un puñetazo en los morros. Bendito control mental, porque lo habría hecho picadillo allí mismo. Y, dando por terminada la conversación con ese cretino, dijo:

—Lárgate de mi casa.

Robert se fue sin decir nada más. Ella se quedó en la azotea, hecha una bola, hasta que salió la luna.

—Hola, bonita, no tengas miedo.

6

A veces, Martina entraba en las iglesias a rezar.
Primero miraba a ambos lados de la plaza, porque sentía
que estaba a punto de hacer algo muy vergonzoso y no quería que nadie la viera. Ni su familia ni su entorno ateo y de
izquierdas entenderían esa necesidad de refugio espiritual. Lo
consideraban una debilidad.

Quizás lo sea.

¿Y qué?

Me importa un pimiento que la religión sea el opio del
pueblo. ¿Y si lo necesito, ese opio?

Estas cosas solo podía compartirlas con una persona.

—*Si se lo pides de todo corazón, san Judas Tadeo es un buen
intermediario* —le había dicho su querida Lila.

Martina no conocía la iglesia de San Pedro de las Puellas,
en el barrio barcelonés de Santa Caterina. Fue hasta allí con la
moto. En la plaza sólo había turistas despistados que buscaban
el Palau de la Música, además de un indigente que dormía sobre un lecho de cartones.

Compró un cirio. Entrando a mano derecha había la
estatua de san Judas Tadeo y una docena de velas encendidas.
Una docena de peticiones. Se sentó en el banco que había justo
enfrente y se relajó unos minutos, cerrando los ojos mientras
respiraba profundamente. Luego contempló la escultura. Era

hermosa, pero no le transmitía nada especial. Se levantó del banco y, tras encender su cirio, dijo en voz baja:

—Necesito dinero.

Y, mirando a los ojos de san Judas, insistió:

—Necesito mucho dinero, ¿sabes? Tengo que encontrar una casa que pueda adaptarse a una silla de ruedas y con buenas vistas.

Leyó la oración colgada en la pared y rezó un padrenuestro de manera muy sentida. Después dio una vuelta por el interior de la iglesia. Al observar las paredes, las vidrieras y los pocos feligreses que había, se acordó de la iglesia de Castellterçol[18] y de Alfons Comín.

Le había conocido un verano cuando era adolescente. Los Comín tenían una casa con un patio muy grande donde pasaban las vacaciones estivales. Alguna vez ella había ido allí a merendar con la pandilla del pueblo. Los adultos hablaban mucho del señor Comín, y a Martina le parecía un hombre enigmático e interesante: un cristiano con aspecto de Jesucristo recién salido de la cárcel.

Una tarde, uno de sus hijos, Pere, la sacó a bailar en el entoldado de la fiesta mayor. Ambos tenían catorce años. Estuvieron juntos, agarrados, mirándose embobados toda la tarde. Martina estaba hechizada con aquellos ojos tan azules. Un azul cristalino que todos los hijos habían heredado de su padre.

Cuando el baile terminó, Pere la acompañó a casa paseando bajo la noche cerrada, mientras le explicaba el mapa de

---

[18] DdT: pequeño municipio dentro de la provincia de Barcelona.

la bóveda celeste. Ella se enamoró de él, por supuesto, pero al día siguiente regresaba a Barcelona.

Aquel amor de ojos azules duró mucho tiempo en sus sueños, pero a los Comín no los vio nunca más. Años más tarde, siendo ya adulta, supo que Alfons había formado con unos jesuitas el movimiento Cristianos por el Socialismo, inspirado en la Teología de la Liberación. Seguían postulados marxistas, pero hablaban de una teoría política basada en las enseñanzas de Jesucristo. Eran como ella, que estaba por la Revolución y por el Amor a partes iguales.

Tras despedirse del peruano que custodiaba la puerta de la iglesia, Martina bajó las escaleras dejando que el cirio hiciera su trabajo.

Mientras tanto, intentaba resolver el tema del ascensor. Aún había esperanzas de que se lo instalaran, si los Rius recibían presión de toda la escalera. Hizo varias llamadas al Departamento de Bienestar Social de la Generalitat solicitando la ayuda de la famosa Ley de la Dependencia, que acababa de entrar en vigor. Pero todo iba lentísimo.

—¡Necesito dinero! —dijo al volver por tercera vez a San Pedro de las Puellas.

Le gustaba estar en esa iglesia. Descubrió que había sido un monasterio y uno de los baluartes de Barcelona en el asedio de 1714. Las monjas de aquella comunidad, el 11 de septiembre, después de que la artillería borbónica la hubiera derribado, al ver la devastación del monasterio y los muertos que llenaban las calles, habían salido en procesión con la cruz en alto y cantado el Tedeum, rogando a Dios que el fuego se detuviera.

Todo el mundo sabe que Dios no las escuchó.

7

Elisabet llamó al timbre de la puerta.

—Te están buscando los de la tele. Esta mañana he ido a un *casting* y me han dicho que no logran ponerse en contacto contigo. ¿Es que no te funciona el teléfono?

—No, pero tengo el móvil.

—Mañana tengo que volver para las pruebas de vestuario. ¿Se lo doy, pues?

—¡Sí, por supuesto!

Por fin una buena noticia.

—Te llamo de TV3. Estamos poniendo en marcha una serie que se llamará *Brisa del Norte*[19] y tenemos un papel para ti. El personaje se llama Julieta. Es una mujer neorural que capitanea un grupo de ecologistas que viven en el campo. Rodarías tres días por semana. De momento haremos trece capítulos. Esto significa un contrato de ocho meses. Empezamos en septiembre. ¿Estás disponible?

¿Que si estoy disponible?

¿Que si estoy disponible?

¡Ay, señor!

¡Por supuesto que estoy disponible!

---

[19] NdT: guiño a la serie *Vent del pla*.

8

Los días se iban haciendo más cortos. Las lluvias caían torrencialmente en el Maresme y la naturaleza invitaba al recogimiento. El otoño estallaba por todas partes y una sensualidad triste podía olerse en la piel del mundo.

Ondina ya tenía catorce años y regresaba sola del instituto con un festival de hormonas en los ojos, la boca y el cerebro. Adolescencia en estado puro.

Jordi seguía dando clases de pintura un par de tardes a la semana. Se le veía tranquilo. Dado que iba cojo, arrastrando un poco la pierna y el pie izquierdo, por la calle siempre llevaba el bastón. Los dedos del pie derecho tenían poca movilidad y unos leves temblores en los gemelos y en los brazos anunciaban que algo no iba bien. Eran las malditas fasciculaciones. Como si las neuronas avisaran a gritos de que estaban viviendo sus últimos días.

Aquel lunes rodaban exteriores en Breda[20]. Martina se había levantado a las cinco de la mañana y no volvería hasta las ocho de la tarde. Le gustaba salir de la ciudad, pasar el día en el campo y distraerse con todo el equipo de rodaje. Además, el personaje que le había tocado le iba como un guante.

---

[20] DdT: Pueblo pintoresco cercano al Montseny, paraje natural a unos sesenta kilómetros de Barcelona.

A media tarde, mientras le estaban retocando el maquillaje para la última secuencia del día, casualmente tenía el móvil en la mano y vio que Ondina la estaba llamando.

—¡Mamá! —le gritó sollozando.

Sobresaltada, pensó que había pasado algo grave.

—¿Qué ocurre, bonita?

—¡Jordi se ha caído y le sale mucha sangre por la nariz!

—¿Qué me dices? Pero ¿está consciente?

—¡Sí, pero no se puede levantar del suelo!

—Mierda… Avisa a Elisabet, que venga a ayudarte.

Justo en ese momento, Manel, de dirección, entró en la sala de maquillaje a buscar a Martina para ir al set.

—Ya le he llamado a la puerta, pero no hay nadie en su casa —la apremió Ondina.

—Escúchame, escúchame bien… Llama al 061, que venga una ambulancia.

Al oírla, Manel hizo una mueca para preguntar qué pasaba. Martina siguió como si nada. Al otro lado, Ondina dijo:

—Cuelgo, mamá, que Jordi me está gritando.

Y cortó la llamada.

Martina estuvo a punto de decir que tenía que marcharse corriendo y explicar su situación, pero no lo hizo. No podía parar el rodaje. No se paran los rodajes a menos que te estés muriendo. Tampoco las funciones de teatro, aunque te estés muriendo. La palmas allí y punto. *The show must go on.*

Mientras se dirigía hacia el set con el estómago encogido, recordó la muerte de su padre y aquella noche de estreno en la Sala Planeta de Girona, tras haber ido al funeral con un vestido blanco. Cuando aquella tarde llegó a Girona, la directora le preguntó si se veía con ánimos de llevar adelante la función o si quería suspenderla. Martina respondió que quería hacerla. Las compañeras la acogieron con una empatía y sensibilidad inmensas. Por su parte, hizo la función con una ligereza poco habitual en un día de estreno. Como si tuviera alas. Se sentía presente, libre, inspirada. Su padre la animaba, estaba con ella todo el rato. Fue una de las funciones más mágicas de su vida. Aquella noche supo que podía actuar bajo cualquier circunstancia.

Había llegado al set. La secuencia que quedaba era muy corta. Sólo tenía que bajar de un tractor y caminar por el campo pensativa y preocupada. Fácil. La rodó con la cabeza en las nubes y regresó a toda prisa a Barcelona. En aquel momento, nadie del equipo sabía lo que ocurría en su vida privada.

Cuando llegó a casa, Jordi tenía la nariz hinchada y un poco torcida; se había roto el tabique nasal, pero la recibió con una sonrisa de oreja a oreja. Estaba haciendo un rompecabezas de los Simpson con Ondina, que levantó la carita y dijo:

—Hemos metido una pizza en el horno, mamá.

Se los comió a besos. A ambos.

Ondina no sabía toda la verdad. Martina solo le había contado que Jordi tenía una enfermedad que le provocaba parálisis en la musculatura y que iría a peor... Ya era mucho asumir que podía acabar en una silla de ruedas. No se sentía capaz de compartirle el diagnóstico médico oficial. No quería preocuparla antes de tiempo. Además, en aquel entonces, aún confiaban en que, con todas las terapias alternativas que estaban probando, detendrían la maldita ELA.

9

Arnau se declaraba anarcocapitalista, ateo y anticlerical. Y tenía narices la cosa, porque hacía veinticinco años que trabajaba como profesor de dibujo, pintura y teatro en una escuela del Opus. Le gustaba mucho enseñar y hacía maravillas con los chavales, incitándolos a ser creativos y despiertos. Les daba las claves de la libertad, motivándolos a reflexionar y a disfrutar del arte y de la vida. Era feliz cuando lograba romper los esquemas mentales retrógrados. Incluso había ayudado a más de un homosexual a salir del armario y de la secta. Si los directores de la escuela hubieran sabido que era un «comecuras» y un «despiertapichas», le habrían despedido de inmediato.

Adicto a la Coca-Cola y a los pistachos, cuando el Barça jugaba en su tele de sesenta y cinco pulgadas, montaba un auténtico altar. Desplegaba la bandera culé bajo el mueble y una *estelada* colgada en la pared, justo encima del aparato. Se tapaba la calva con una gorra azulgrana y se enfundaba la camiseta de Messi, que cada día le iba más estrecha. Con un litro de Coca-Cola y varias bolsas de quicos, pistachos, pipas y cacahuetes, lo ponía todo en una mesita frente al sofá. Era más feliz que una perdiz. Bueno, eso si su equipo ganaba, porque, si perdía, era de esos barcelonistas que gritan, gesticulan, insultan y que saben mejor que nadie lo que deben hacer los jugadores, los árbitros y el entrenador.

Era el macho alfa catalán. Y el amigo íntimo de Jordi. Habían estudiado juntos Bellas Artes.

Martina se lo encontró caminando por la calle Astúries y le gritó:

—¡Arnau! —Llevaban más de un año sin verse. Ella se abrazó al amigo, a aquel pedazo de hombre que era un roble lleno de vitalidad—. ¿Has hablado con Jordi?

—No, hace tiempo que no nos llamamos… ¿Cómo está?

Mientras ella le contaba cómo había ido todo, Arnau sintió que un escalofrío le subía por la nuca. Se iba encogiendo poco a poco, mientras la sangre le huía de la cara. Pálido como si hubiera visto un fantasma, dijo:

—¿Y cómo es que no nos habéis dicho nada?

—Ya sabes cómo es… Llámalo y habla con él. ¡Os necesitamos cerca!

Martina se alegraba mucho de haber tropezado con él. El *shock* del diagnóstico les había sumido en un año de silencio. No se habían atrevido a verbalizarlo en voz alta. A nadie. Quizás porque lo que no se dice no existe. Quizás porque Jordi, que era extremadamente reservado, no quería que se supiera. Y ella le apoyaba en todo. Sin embargo, Martina agradeció ese encuentro fortuito, porque estaba cargando con un peso demasiado grande y necesitaba compartirlo con los amigos.

Al día siguiente, Arnau llamó a Jordi y quedaron para cenar. Cris, su mujer, tuvo una idea genial:

—Organizaremos una exposición retrospectiva de la obra de Jordi, una jornada de puertas abiertas en el estudio de la calle Torrijos. Esto seguro que le dará ánimos y fuerza.

Y se pusieron manos a la obra.

10

En las tres semanas que siguieron, Jordi fue perdiendo con rapidez la movilidad de las dos piernas. Caminaba con mucha dificultad y el bastón ya no bastaba para darle autonomía. Tendría que dejar el trabajo. Los alumnos, conmovidos, organizaron una despedida muy emotiva y le llenaron de regalos y de gratitud.

Quiso ponerse a prueba.

—Me gustaría pintar unos pinos, aunque sea en Collserola.

Martina cargó todo el material en el coche y le acompañó hasta allí. Necesitó dos sesiones de tres horas para darse cuenta de que tampoco podía pintar paisajes; no se aguantaba de pie.

Aquel cuadro inacabado era distinto a todo lo que había hecho hasta entonces. La serenidad, la belleza y la armonía de su pintura habían desaparecido. En medio del tronco del pino había una herida. El árbol sangraba.

11

Los cuatro amigos se reunieron en el estudio que Jordi tenía en la calle Torrijos. Era un garaje transformado en un espacio acogedor donde trabajar. Olía a pintura al óleo y a creación.

Compraron unos bocadillos y unas cervezas para pasar el día, y se pusieron a la tarea. Jordi había ido acumulando toda su obra en el desván y no tenía ni idea de lo que había allí. De hecho, los primeros autorretratos académicos que Arnau rescató bajo un montón de telas sorprendieron incluso a su autor.

En el caballete que habían instalado en el centro de la sala iban exponiendo, uno por uno, todos los cuadros que Arnau bajaba por la escalera. Los contemplaban y los comentaban hasta que Jordi daba el visto bueno para ponerlos a la venta. Cris los catalogaba e iba haciendo un Excel con los precios de venta al público. Se dieron cuenta de que había obras bastante buenas que no estaban firmadas, porque Jordi las había considerado inacabadas. Le propusieron que lo hiciera en aquel momento.

Arnau tomó un pincel, el tubo de pintura negra y la paleta. Lo dispuso todo encima de una mesa para que pudiera firmar. Cuando Jordi agarró el pincel, se les cayó el alma a los pies. Los dedos no le respondían, lo cual le imposibilitaba para sujetarlo como antes. No podía hacer la pinza.

Mudos, mientras lo animaban mentalmente, presenciaron afligidos su lucha por plasmar una firma. Lo intentó con todas sus fuerzas. No abandonaba. El pincel se le cayó al suelo. Arnau lo recogió y se lo dio. Viendo que no podía hacerlo con la mano derecha, se pasó el pincel a la mano izquierda y, torpemente, firmó como pudo.

Su elegante rúbrica se había desconfigurado, convertida ahora en una firma temblorosa, como la de un niño que empieza a escribir. Poco a poco, bajo la mirada desconsolada de los amigos, dejó la huella de su nueva identidad en una decena de cuadros.

Al acabar la jornada, todavía quedaba trabajo por revisar, así que acordaron encontrarse de nuevo el fin de semana siguiente.

El día pactado, al ver que tendría que firmar ocho o diez cuadros más, Jordi confió a su amigo la tarea de hacerlo. Arnau, que era capaz de falsificar un Picasso, lo hizo con mucho gusto mientras Jordi se reía de la travesura, de la pequeña fechoría consensuada entre todos.

Ya lo tenían todo listo para levantar la persiana del taller.

12

Después de mucho buscar, encontraron un apartamento con ascensor en primera línea de mar con una terracita que daba al paseo de la Musclera[21], en Caldetes. Justo encima de donde habían almorzado el día del cumpleaños de Martina, ahora hacía seis años.

Juntos habían decidido que lo mejor para todos era continuar con las dos viviendas.

Jordi necesitaba salir del piso de la calle Astúries. Ahora subía las escaleras con gran dificultad y anhelaba vivir en un lugar más espacioso, poder respirar con libertad, desabrocharse el alma, mirar el horizonte, las olas y el azul infinito del mar. En Caldetes todo eso sería posible.

Ondina no quería moverse del barrio donde tenía el instituto, las amigas y una espléndida habitación de adolescente. Además, Martina quería protegerla de una cotidianidad que en breve sería muy complicada, si la enfermedad avanzaba, y todo parecía indicar que así sería. Estaba decidido. Se quedaría en el piso de Gràcia con Sky.

El padre de Ondina tenía una nueva familia, pero, ante la emergencia, Martina le pidió que estuviera más presente en la vida de su hija, quedándose a dormir en el piso de Gràcia

---

[21] NdT: estructura de madera para la crianza de mejillones.

alguna noche. Martina seguiría trabajando todas las horas posibles para hacer frente a los gastos, mientras iba arriba y abajo allí donde fuera más necesaria.

TERCERA PARTE

1

Un sueño hecho realidad. ¿Quién no querría vivir en primera línea de mar?

El pueblo los recibió con un día nublado. Un espectáculo constante de colores y formas les hacía conscientes del privilegio de estar allí. Por la noche, abrazados bajo las sábanas, escuchaban el rumor feroz del viento y las olas. Brusco y salvaje, parecía que el mar se los tragara. Qué maravilla amarse con el latido mediterráneo de fondo. No obstante, el amor tenía un sabor agridulce, porque con la llegada a Caldetes se incorporaba un nuevo miembro a la familia que marcaría un antes y un después.

El día en que la conocieron, en una planta baja de Sant Andreu, descubrieron un mundo hasta entonces invisible a sus ojos. Un mundo feo. Un mundo de impedimentos. Estaba allí, esperándolos en una tienda de productos ortopédicos para personas con movilidad reducida, llena de utensilios para viejos y enfermos. No estaban listos para aceptarla. Funcional, necesaria, pero nada bienvenida, llegó la silla de ruedas. Aquellos sentimientos tan oscuros tenían un motivo muy sencillo. Con ella llegaba también una certeza:

La enfermedad avanzaba.

2

Cuando Martina se dio cuenta de que hacía un año y medio que intentaban curar el cuerpo y el alma y los patrones mentales y el karma familiar y la madre que los parió, y que había trabajado como una burra para pagar a toda aquella peña de friquis *new age* que les habían tomado el pelo sin piedad, le dieron ganas de comprarse una metralleta y hacer de Joker en el TN de la noche.

Por suerte, la voz amorosa y espiritual que llevaba dentro le recordó que la violencia no es el camino. Y no sacó ninguna metralleta. Fue a ver el mar.

Se dejó caer sobre la arena. Estaba agotada. Miraba el cielo, el espacio azul, la presencia infinita que contiene todas las formas y las ve nacer y morir. Las nubes que surgían de la nada la seducían, la raptaban, se la llevaban, mientras su pensamiento jugaba a adivinar figuras.

El aire marino penetró profundamente en su pecho, desencallando el nudo que tenía en el corazón. Unas lágrimas sentidas, ahora ya sin rabia, se deslizaban por sus mejillas. El sol anaranjado se escondía detrás de las casas y teñía las figuras de un cálido tostado. Veía la luz del atardecer en los cuadros de Sorolla. Después, observando cómo las olas lamían la playa, distinguió «*el fino flequillito de nieve que ora nace y ora fenece*», y entendió por primera vez qué significaban las palabras de

Sagarra[22]. Y se quedó allí en comunión con el flequillito y con la fiesta de colores.

Todo está bien. La vida es hermosa. A pesar de todo, hay belleza en las cosas. Y magia.

¿Qué ha pasado?

Mi cabeza ha parado.

Y dio gracias a la literatura, a la poesía y a la pintura por hacerle compañía.

---

[22] NdT: poeta y dramaturgo catalán muy popular en la primera mitad del siglo XX.

3

Una vecina de la nueva escalera le dijo a Martina:

—¡Qué desgracia, pobre chico, tan joven! ¡Ya ves tú, qué desgracia!

«Y tiene razón. ¿Qué otra cosa podría decir?», pensó Martina. Se imagina la situación en su propia piel y cree que no podría soportarlo. Es la suerte o la desgracia de quienes lo imaginan, porque quienes lo viven en propia carne no pueden permitirse el lujo de no soportarlo.

Y, desde algún rincón ignoto de su alma, brotó una fuerza titánica para afrontar ese destino y vivirlo con coraje. Le dio la vuelta a la fatalidad, saboreando la vida quizá por primera vez, con toda la conciencia, plenitud y sensibilidad que merecía.

¿Cómo? Viviendo el presente de forma radical. Ahora y aquí todo el tiempo. Sin pensar en el futuro ni añorar el pasado. Afrontando cada reto al momento y entregándose al placer y al dolor sin juicios de ningún tipo.

El dolor era inevitable, pero se disolvía con las lágrimas, o bien llamando a la naturaleza, o en un espacio terapéutico o dentro del coche. Ella sabía que, si se identificaba con una historia dramática o absurda, estaba perdida. El relato la devoraría.

Y ellos, Jordi y Martina, no querían perder el tiempo. Por eso aprendieron a mantener a raya los pensamientos negativos.

Aún estamos vivos, ¿no? ¡Pues a vivir!

Y si la vida es corta, ¡la haremos ancha!

Entonces, de allí donde había palpitado un terrible miedo, nació un amor infinito. Y aquella claridad, que Martina nunca supo de dónde había salido, la quiso compartir con la comunidad de enfermos de ELA a través de un escrito que acababa con estas palabras:

Jordi y su enfermedad son los maestros que me están enseñando a perder el miedo y a amar con toda mi alma. ¿Qué más puedo pedir?

4

Buscaron una agencia de cuidadores a domicilio para contratar a alguien que se fuera a vivir con Jordi a Caldetes. Y fue así como Francisco, un apuesto colombiano, entró en su vida.

El día de la entrevista, llegó al apartamento con una cazadora de piel marrón y dos libros en la mano: *El poder del ahora* de Eckhart Tolle, un libro de cubierta amarilla que hablaba de meditación y que ellos conocían perfectamente, y *Cómo hacerse millonario*, que Martina pensó que quizá le convendría leer.

Mientras cenaban juntos, le explicaron la enfermedad que padecía Jordi y qué necesitaban de él. Francisco les habló de la situación política de Colombia: que era un desastre, que las FARC continuaban activas, que estaba harto, que ya no tenía razones para volver a su país, que estaba soltero y enamorado de Shakira, que era tan sexy y que le hacía gracia que se hubiese enrollado con un futbolista catalán.

—¡Shakira es el orgullo de Colombia! –declaró en un tono solemne.

Lo dejarían todo dispuesto para que pudiera empezar a primeros de mes. Le acompañaron hasta la puerta. Después de cerrarla, Jordi le preguntó a Martina qué le había parecido.

—Es buena gente, este hombre apunta maneras.

En su primera mañana de trabajo, el punto de encuentro era el *parking* de Gràcia. Francisco tomaría el coche y así, cuando Martina no pudiera acompañar a Jordi arriba y abajo, lo haría él. Salieron con los dos coches desde Barcelona para ir a Caldetes. Jordi y Martina, con el Toyota nuevo y Francisco con el Kadett viejo.

Mientras salía del *parking* de la calle Torrijos, rascó toda la puerta de la derecha. No bajó del coche ni se le movió una sola pestaña. ¡Coooooooooojones! Al cruzar la ciudad, se le calaba el coche en cada semáforo y, cuando llegaron a la autopista, fue a ochenta todo el rato por el carril de en medio.

Se partían de risa. Jordi dijo:

—¡Es cierto que apunta maneras!

5

Habían llamado a Martina para otro trabajo. Dos meses de ensayos y temporada larga en el Poliorama. Con Bolsu y Cistella[23], que eran una joya. *El Libertino*, una obra de Erich Emmanuel Smith.

¿Que si quiero asumir la ayudantía de dirección y un papel secundario?

¿Que si quiero interpretar a la esposa cornuda de los ojos azules más bellos del teatro catalán?

Ay, señor.

Sí, quiero.

Claro que quiero.

¡Por supuesto que quiero!

---

[23] NdT: guiño a los actores, directores y productores teatrales catalanes Joan Lluís Bozzo y Anna Rosa Cisquella.

6

La exposición fue todo un éxito. El estudio estaba lleno de gente vibrante y animada. Jordi, sentado en su silla de ruedas, y Martina, sin dejarlo solo ni un instante, observaban emocionados cómo todo el mundo compraba algo. La solidaridad era abrumadora.

—Este cuadro es uno de los buenos —le dijo Jordi a Gina, una alumna que quería comprar un paisaje del Priorat.

Martina recordaba perfectamente dónde y cuándo lo había pintado. Hacía un año que se conocían. Iban con el Kadett por un camino que serpenteaba desde Cornudella, subiendo montaña arriba, hacia la sierra del Montsant. Jordi detuvo el coche junto a una curva, bajó y, corriendo campo a través con los brazos abiertos, gritó:

—¡Ven! ¡Quiero presentarte a un viejo amigo!

—¿No cierras el coche? —preguntó ella.

—¡No hace falta!

Martina le siguió hasta llegar a un árbol grande y majestuoso.

—Aquí lo tienes: Nogal. He pasado muchos ratos con él. ¿Verdad que sí, Nogal mío?

Y lo abrazó como un niño abraza a su padre. Después, retrocediendo un par de pasos, permaneció un buen rato extasiado, mirando la copa, como si viera a la Virgen María. Desconcertada por aquella extravagancia, Martina se preguntó si le faltaba un hervor. Llegó a asustarse un poco, porque los minutos pasaban y él seguía alucinado. No sabía qué hacer. No se atrevía a tocarlo ni a decir nada. Cuando Jordi despertó del hechizo, le preguntó:

—¿Has hablado alguna vez con los árboles?

—Hombre, pues no. Los árboles no hablan.

—Sí hablan. Escucha…

—Escucho.

Martina cerró los ojos.

—No oigo nada.

—Para oír el árbol, debes silenciar tu caos mental. Solo cuando los pensamientos se detienen puedes escuchar de verdad.

—¡Pareces Pocahontas! —soltó ella, bromeando.

Él le pidió, entonces, que pasaran la tarde allí, porque quería tomar unos apuntes con esa luz. Volvieron al coche para recoger todo lo que necesitaban. Él, pinturas; ella, palabras. Jordi situó la sillita en el punto justo para tener el árbol en primer plano y, al fondo, la perspectiva de las rocas escarpadas del Montsant[24]. Mirando los campos con los ojos chispeantes, exclamó:

—¡Es extraordinario! Todo tiene un verde encendido.

Y volvió con su Nogal.

—Fíjate en cómo las hojas más altas se perfilan con el color del cielo. ¿Lo ves? ¿Te das cuenta de que el azul que las bordea es más intenso que el azul que hay un poco más allá? Es el contraste que refuerza los colores.

—Tú eres un poco místico… Te flipas mucho, ¿no?

—¡Más de lo que imaginas! —dijo riendo.

Durante toda esa semana, todos los días iban allí a la misma hora a pasar la tarde, porque Jordi quería pintar un cuadro de gran formato.

Nunca había la misma luz. Un día, las nubes blancas, densas y enormes escondían el sol ahora sí, ahora no; otro día, un

---

[24] NdT: sierra situada en la comarca del Priorat.

cielo brillante encendía los colores; al día siguiente, un chubasco primaveral les arruinaba la tarde y tenían que refugiarse dentro del coche; y, dos días después, un cielo gris oscurecía los verdes.

La sincronía en la que vivían hizo que terminaran a la vez. Levantando los brazos como un profeta, él gritó:

—¡Cuadro terminado!

Ella liberó un amplio suspiro, casi un gemido de placer. El autor ruso que carreteaba desde hacía meses le había fascinado con el mejor final de novela que hubiera leído nunca.

—¡Yo he terminado *Anna Karenina*!

Martina regresó al presente. A la exposición. Gina y Jordi seguían charlando delante del cuadro. Mientras contemplaba la obra, a Martina la atravesó un escalofrío cuando oyó que Nogal le estaba hablando:

—*Venía a verme a menudo. Siempre solo. Dejaba el coche muy cerca, sacaba una silla de mimbre, un caballete, un lienzo blanco y una caja de madera que dejaba en el suelo sobre una sábana. Estaba muy serio; pero, en cuanto me veía, empezaba a sonreír. Cerraba el coche, venía hacia mí y me abrazaba.*

Juntos sentíamos una fuerza que nos impulsaba a vivir. Yo, a través de la savia. Él, a través de la sangre. Se sentaba bajo mi sombra, respetuoso, elegante.

Yo podía ver su alma, solitaria y triste. Sacaba la navaja y se comía una manzana mientras contemplaba cómo la vida se desplegaba espontánea a cada instante.

Él sabía que no estaba solo y que mi sombra le cobijaba. Siempre supe que tenía un don. Era pintor de paisajes. Sabía mirar, sabía escuchar, sabía esperar. Sabía estar solo. Después de comerse la manzana, plantaba el caballete y colocaba el lienzo, abría la caja de los óleos, sacaba la paleta ovalada llena de colorines y la llenaba con la pintura que salía de los tubos. Azul, verde, rojo, amarillo, blanco. Negro, no. El negro, nunca. El negro es demasiado duro; en todo caso, azul para hacer las sombras, incluso gris o violeta.

Y hacía magia con los colores.

Un día llegó con una amiga y se le veía feliz y contento. Me gustaba esa chica. Su pelo era del color de mis hojas otoñales. Venían a menudo.

De repente, un verano no vinieron. Llegó el otoño. Y el invierno. Y la primavera. Y el verano. Y de nuevo el otoño, y el invierno y la primavera y el verano.

Hasta que una mañana de cielo radiante le vi llegar. Solo. Había pasado mucho tiempo. La brisa dorada del otoño movía mis hojas y las soltaba. Una tras otra, iban cayendo al suelo. Me miró y le saludé dejando caer seis o siete a la vez.

Me dijo que había entendido que en la vida todo es cambio y que, si yo soltaba las hojas sin drama, también él podría hacerlo; que, cuando es tiempo de recogimiento, la naturaleza se repliega sobre sí misma, las hojas se vuelven de color dorado y después se transforman en comida para bichos. Me dijo que estaba enfermo. Me dio las gracias, me abrazó como siempre hacía y no le volví a ver nunca más.

Con la emoción que se le escapaba por la boca y por los ojos, Martina necesitó encerrarse en el baño a llorar. Y allí, en el suelo, enroscada como un gusano, entendió que, al igual que el viento otoñal había despeinado el nogal, ahora los despeinaba a ellos y los arrastraba de aquí para allá. Si quería. A donde quería. Cuando quería. Y era imposible resistirse.

Entonces ella se preguntó si las personas elegimos algo.

Jordi estaba contento porque *El Nogal* iría a casa de una buena amiga. Ya no era capaz de pintar, pero había dejado en sus cuadros la impronta de su mirada apasionada y limpia de la realidad. Había pintado su tierra. La había olido, tocado, lamido, mirado, escuchado. La había amado.

Y ahora estaba aprendiendo a soltarlo todo. Todo.

El viaje del héroe es un viaje de renuncias.

7

Abandonaron todas las terapias alternativas y optaron por centrarse exclusivamente en el tratamiento de Civit. Jordi tenía tanta fe en él que Martina decidió apoyarle. Nunca supo de qué hablaban cuando iba a su consulta, y siempre tuvo la sensación de que Jordi todavía creía en algún tipo de sanación milagrosa.

Quizás aquellas bolitas le curarían el alma, pero no el cuerpo. Desde el servicio de Bellvitge, hacía tiempo que habían activado el protocolo para tratar a los enfermos de ELA. La doctora Povedano, a la que conocieron el día del diagnóstico, una mujer con un cuerpo pequeño lleno de humanidad, removía cielo y tierra para dar calidad de vida a sus pacientes. Tozuda y perseverante, exigía colaboración de las instituciones para lograr mejoras importantes para los enfermos.

Una de sus preocupaciones era cambiar el protocolo de las ayudas a la dependencia que ofrecía el Departamento de Bienestar Social. Un trámite lento y absurdo.

En el caso de la ELA, existe un problema grave. Con el pronóstico irrevocable debería activarse inmediatamente el trámite para la ayuda, aunque el paciente no haya llegado al nivel tres de dependencia. Es seguro que lo tendrá en poco tiempo; si hay que esperar para activarlo, con lo que tarda en hacerse efectivo, cuando llegue la ayuda el enfermo puede estar muerto.

Ya no servirá de nada.

Los enviaron al Institut Guttmann. El rótulo de la entrada, que recordaba a una caja de colores, anunciaba un edificio moderno que irradiaba alegría y esperanza. Era un hospital de neurorrehabilitación, una cuna de segundas oportunidades. Allí tenían aparatos de última generación capaces de restaurar la mayoría de los músculos y nervios dañados, consiguiendo así nuevas conexiones neuronales. Sin embargo, con la ELA no había nada que hacer.

«¿Qué hacemos aquí?», se preguntaba Martina. Envidiaba a todos aquellos jóvenes que habían tenido un accidente y que, ejercitando la musculatura, aprendían a vivir en silla de ruedas. Ella habría firmado gustosa esa condena. Jordi luchaba, pero no recuperaría ni la musculatura ni las neuronas muertas. Lo sabía todo el mundo.

¿Qué hacemos aquí?

Pronto comprendieron que en el Guttmann no podían ayudarles y, al cabo de pocas semanas, renunciaron a seguir. Al marcharse, le dieron unas cartulinas plastificadas que «tal vez le serán útiles más adelante», dijeron. Eran dibujos y letras para poder comunicarse.

Más adelante.

Stephen Hawking cargaba con esta enfermedad de modo excepcional desde hacía mucho tiempo. Ningún médico se explicaba por qué, si le habían dado dos años de vida, había podido vivir cincuenta más.

La silla que utilizaba estaba controlada por un ordenador que él mismo dirigía mediante leves movimientos de la cabeza y los ojos, lo cual también le permitía seleccionar palabras y frases en el sintetizador de voz.

¿Cómo había conseguido desafiar a las estadísticas de la medicina? Nunca lo sabremos. Él hizo visible esta enfermedad en todo el mundo. Todos los enfermos de ELA y sus familiares se proyectaban en Hawking y pensaban que, si él vivía tantos años, quizás… ¿Por qué no?

Su universo infinito era suficiente para motivarle a vivir conectado a la tecnología. Era, sin duda, una mente privilegiada. No obstante, ¿quién quiere vivir así? Desde fuera parece incomprensible, pero probablemente lo desearían muchas más personas de las que imaginamos.

A él debemos agradecerle algunos avances tecnológicos que aligeran las limitaciones comunicativas de esta enfermedad, aunque la mayoría de los humanos todavía no las puedan tener. Por el momento son para gente rica, muy rica.

8

Martina quería conocer a Dosho Saikawa Roshi, un maestro zen nacido en Nagasaki que hacía una *Sesshin* —una especie de receso— en Cataluña.

La estética de un templo zen inspira el alma y le ofrece refugio a través de la desnudez y la simplicidad. La alfombra blanca, los *zafus*, las caligrafías zen, los ikebanas, los kimonos de los monjes y el austero Buda que preside el altar invitan a conectar con la belleza silenciosa de todas las cosas.

A través de la respiración profunda y de la concentración, este tipo de meditación busca silenciar la mente. Dejar caer las sensaciones, pensamientos y emociones. Vaciarse. Y tal vez descubrir, con mucha práctica, el espacio vacío donde nacen todas las cosas, un oasis de paz y sabiduría que reside en el interior de todos los seres.

Sentada sobre el *zafu*, con la espalda recta, Martina se vaciaba en cada *zazen*. Se vaciaba de la pena profunda que llevaba dentro. Sus lágrimas silenciosas bajaban por sus mejillas y mojaban el cojín de meditación.

En ese receso existía la posibilidad de tener una conversación personal con el maestro. Ella quiso hablar con él. Estaba inquieta.

No sabía muy bien qué preguntar. ¿Qué buscaba? ¿Consuelo? ¿Sabiduría? ¿O creía que un maestro zen era capaz de hacer milagros, como Jesucristo con los leprosos?

Esto.

Ella también buscaba el milagro.

Todavía.

Habían dispuesto una sala pequeña para ello. Al entrar, Martina hizo *gassho*, el saludo del budismo para mostrar respeto y humildad. El suelo estaba cubierto con una alfombra blanca impecable. Al fondo, presidiendo la sala, una caligrafía japonesa, un círculo trazado con un grueso pincel que representa el camino del zen. En el centro de la cámara, sobre un cojín, el maestro meditaba.

Era un hombre de unos cincuenta años muy delgado y pequeñito. Le sorprendió su poca presencia. No tenía ningún carisma especial, ni un aura brillante alrededor de la cabeza. Su rostro era sereno, incluso algo serio. A su lado, a un metro de distancia, estaba el traductor, John, un estadounidense que llevaba años viviendo en Barcelona y que era un compañero de meditación.

Tras los cuatro pasos que dio para acercarse, Martina se sentó con las piernas en *seiza* sobre un pequeño tatami a dos metros del maestro. Cuando él le miró a los ojos, le pareció distante y frío.

«Es japonés, qué quieres. Otra cultura, otro mundo, otros códigos de comunicación. Debo ser yo quien diga algo».

Se dio cuenta de que toda ella temblaba por dentro, que le costaba empezar a hablar.

—A mi pareja le han diagnosticado una enfermedad degenerativa terminal. Le han dado cuatro años de vida y ya han pasado dos. No sé qué hacer. Estoy desesperada.

Dijo todo eso del tirón. Se dio cuenta de que John todavía la miraba y que se le había desencajado la cara. Tradujo sus palabras al inglés. El maestro zen le escuchaba atentamente mientras la observaba. Cuando John acabó la traducción, el maestro cerró los ojos. No decía nada. En la sala se hizo un silencio denso. Un minuto eterno que Martina llenó de expectativas. Finalmente, respondió:

—Yo intentaría buscar la curación por todos los medios y, si finalmente no fuera posible, empezaría a aceptar la muerte y a prepararme para marcharme.

Continuaba con los ojos cerrados.

—¿Y yo? ¿Qué debo hacer yo? ¿Cómo vivo todo esto?

Entonces abrió sus párpados japoneses y, mirándola con una ternura y compasión que no eran de este mundo, le dijo:

—Tú sé uno con él.

Eran palabras sencillas y profundas que ella necesitaba digerir. Como si hubiera entrado en un refugio que la protegía de la intemperie existencial, en ese momento sintió el calor de la sala, de la presencia austera y amorosa del maestro, de la mirada vidriosa de John. Martina estaba inmóvil.

El maestro no dijo nada más. Ella tampoco hizo otras preguntas. Estaba todo dicho.

El zen es así.

Claro.

Profundo.

Simple, muy simple.

Se habría quedado allí a vivir, pero se levantó, hizo *gassho* y salió de la sala.

Al adentrarse en el corazón del bosque para sentir la energía reparadora de los árboles, descubrió un pequeño ciervo con los ojos brillantes y curiosos. Se había parado a observarla. ¡Nunca había visto ninguno! Tuvo que pensar en Jordi y en cómo le habría gustado contemplar a aquella criatura del Señor. El cervatillo dio un salto y desapareció entre los árboles.

Volvió a atravesarla la certeza de que la vida es un tesoro, a pesar de todo, de que existe belleza en las cosas.

Tras una larga caminata, se acurrucó bajo un roble y rompió a llorar hasta vaciarse de nuevo. Exhausta, pero tranquila, volvió al *dojo*.

Sé uno con él.

9

La vida cotidiana en silla de ruedas era penosa para ambos. La debilidad de las manos de Jordi le impedía hacer tareas tan básicas como vestirse, ducharse, ir al baño o llevarse la comida a la boca. En solo dos años, su dependencia había aumentado drásticamente hasta el nivel tres. Ahora sí, ahora ya podía pedir la ayuda de la Ley de la Dependencia.

La silla de ruedas echaba humo. Aunque aguantaba bastante bien el paso del tiempo, la muñeca izquierda de Martina se había abierto y le dolía. La llevaba vendada. Empezaba a ser pesado salir a pasear.

Cuando lo hacían, la gente la reconocía por la calle, porque salía todas las semanas en una serie de éxito de TV3. La veían a ella, descubriendo contentos a la actriz famosa. Luego le miraban a él. La sonrisa se les desconfiguraba en no más de un segundo y, con expresión de terror, volvían los ojos hacia ella. Martina era mirada doblemente. Por la popularidad que le daba la tele y por la imagen que proyectaba Jordi.

—¿Que cómo vivo esto? —contestó en una entrevista—. Pues no es fácil, lo vivo mal. Entre el orgullo y la vergüenza. Perdonadme, hago lo que puedo.

Un día la llamó su hermana Mariona.

—Asómate al balcón.

Su hermana, el cuñado y una silla eléctrica carísima esperaban abajo. Fue a buscar a Jordi y le llevó a la ventana:

—¡Mira, amor! ¡Han venido los Reyes!

Con el juguete nuevo empezó una nueva aventura. Todos los días salían gozosos por el paseo de la Musclera arriba y abajo. Ya no eran dos seres condenados que arrastraban una silla de ruedas. Eran dos enamorados viajando sobre una máquina del tiempo. ¡Él volvía a conducir! Y ella se sentaba en su regazo. Con las piernas dobladas a un lado y las gafas de sol de actriz glamurosa, se dejaba llevar por el conductor más guapo del mundo. ¡Como en *Vacaciones en Roma*, sí! Su Gregory Peck la llevaba hasta el infinito y más allá. Fiuuuuuuuuu.

10

Recogido francés de la época de la Ilustración, con tirabuzones dorados que enmarcan una cara de piel blanca. Una cinta satinada de color verde oscuro envuelve en forma de lazo su largo cuello. Los párpados bien maquillados con sombras amarillas; las cejas muy marcadas; dos redondas rosadas en la mejilla y unos labios rojo intenso, bien perfilados con el lápiz, completan la propuesta de la maquilladora.

El vestido largo de satén verde manzana es icónico del rococó. Una falda y una capa que se abre por delante. Un corsé bien ajustado por unas cintas que se tensan por detrás recoge el pecho y lo eleva bien arriba. Un escote espectacular. Debajo, bombachos de algodón y dos faldas con puntillas blancas dan volumen al traje. Encima de todo, una capa verde con bordados naranjas. Es el rasgo más característico de la *robe à la française*. Los llamados pliegues Watteau, dos pliegues planos y profundos de la parte posterior de la capa que se prolongan en forma de cola. El final de las mangas está adornado con volantes de la misma tela. Guantes de encaje de bolillos y zapatos de piel forrados con el mismo tejido que la capa. Una mantilla blanca sujetada al pelo con un par de clips viste finalmente su cabeza.

Después de hacer sus dos trepidantes escenas con su marido Diderot, que es evidente que le poné los cuernos, mientras él escribe un artículo sobre la moral para la Enciclopedia, ella sube a su camerino.

Madame Diderot se quita la capa, los zapatos y la mantilla. Se pone un abrigo de ante comprado en El Corte Inglés en 1976, que le había regalado su tía. Y unos descansos de nieve. Sale del teatro Poliorama a las diecinueve horas. Dentro de diez minutos harán el entreacto, que durará quince minutos.

Puede parecer que vaya al Viena a pedir un bocadillo y un cortado para tomarlo en el camerino, como de costumbre. Pero hoy pasa de largo y sube a la moto que tiene aparcada al otro lado de Les Rambles.

Nadie la ha visto. Sube paseo de Gràcia arriba. Las aceras están llenas de gente abrigada que pasea bajo las luces navideñas. Este año son como lágrimas blancas que caen con elegancia. Hace un frío de mil demonios. Llega a los Jardinets[25]. Aquí las luces son campanas de colorines. Entra por la calle Astúries y aparca la moto justo debajo de su casa.

Mientras sube por la escalera, se dice que está chiflada. Es una actriz vestida del siglo XVIII que se ha escapado del teatro. Levantándose las faldas para no meterse una hostia, sube cuatro pisos corriendo, abre la puerta y saluda:

—¡Hola!

—Estás loca.

—¡Sí, por ti!

Se lanza al cuello de su amado y lo llena de besos rojos. Con la cara cubierta de carmín, él no acaba de creérselo.

Martina mira el reloj. Son las diecinueve y veinte minutos. A las diecinueve y cincuenta debe salir a saludar. Tiene treinta minutos. No. No puede irse del teatro cuando está ha-

---

[25] NdT: prolongación del paseo de Gràcia que conecta con Gran de Gràcia.

ciendo una función. Bajo ninguna circunstancia. Está prohibido. Es muy arriesgado. Podría suceder cualquier cosa mientras la función está en marcha. Imagínate que tiene un accidente con la moto y que se rompe el espinazo. Ha perdido la cordura. Pero qué caray.

—Hoy es Navidad y quería decirte que te amo. Y, ahora que ya nos hemos visto, me voy.

Le hace un saludo de diva de la *Comédie Française* y se va.

Vuelve a la moto y baja a una velocidad vertiginosa por la calle Pau Claris, feliz de haber transgredido la norma. Los últimos semáforos los encuentra todos en rojo y se está poniendo nerviosa. En el último, junto a plaza Catalunya, pasa una familia y una niña de unos seis años grita:

—¡Mira, mamá, una señora disfrazada!

Todos se giran y la miran. Mamá dice:

—¿No es la de la tele?

Ella hace que no con la cabeza:

—No, soy Madame Diderot.

Semáforo en verde. Ya casi está ahí.

Aparca la moto delante del teatro, atraviesa Les Rambles. Todo el mundo la mira y la señala. Parece que llegue tarde a una boda de película. Si la pillan, le caerá al menos una bronca. O quizás la despidan. Lo que ha hecho es muy grave. Lo sabe. Va hacia la puerta que da a los camerinos. ¡Está cerrada! Le cuesta creérselo. No puede entrar. Tiene que buscar al jefe de sala. Son las diecinueve y cuarenta y cinco. Le quedan cinco minutos, pero debe ponerse los zapatos, la mantilla y la capa. No llega. Entra en la platea por detrás. Nadie del público la ve. Todo el mundo está concentrado con los últimos minutos de la función. Están a punto de terminar. Ve a Juan, el jefe de sala, en la mesa de sonido, al final de la platea. Se asusta cuando la ve allí.

—¿Qué ocurre? —le pregunta en un susurro.

—La puerta de los camerinos está cerrada —le dice asustada—. No puedo entrar. Si no me abren, dentro de dos minutos no podré saludar.

Mientras él avisa a la regidora, ella corre hacia la puerta. Le abre la Naus.

—¿Qué te ha pasado? ¿Dónde estabas?

—No puedo decírtelo.

—Corre, que ya entramos.

Se oyen los aplausos de cuatrocientas personas con bravos. Ella corre como un relámpago, pero no tiene tiempo de subir las escaleras. Ni mantilla en la cabeza, ni capa ni zapatos. Piensa en las dos opciones que tiene: saludar descalza o con descansos de nieve. Opta por la primera. Parece que Madame Diderot venga de un encuentro fogoso con su amante. Ha perdido toda su elegancia. En fin.

Cuando más tarde los compañeros le preguntan qué ha pasado, les dice:

—Si os lo cuento, no os lo creeréis.

El teatro estaba lleno hasta los topes. Aquel día, el primer acto había ido muy bien, la gente se había reído muchísimo. Detrás, entre bastidores, tenían una hoja con los nombres de los seis actores y, cada vez que el público aplaudía un final de escena, marcaban una cruz junto al nombre de quien la había protagonizado. Quien tuviera más crucecitas al terminar la temporada, habría ganado. Son juegos de actores para distraerse durante las temporadas largas. No, esto no es vanidad. La vanidad se esconde. Esto es jugar. Aquel día la habían aplaudido. Crucecita. Pero ella tenía una única cosa en la cabeza: *Tempus fugit*. Y un propósito: hacer feliz a Jordi el tiempo que le quedaba. Y sí, había cometido una locura, pero volvería a hacerla.

Aquellas fueron una Navidades muy especiales. Las últimas de Jordi. Les habían dejado una silla-oruga muy pesada que les permitía estar juntos en el piso de la calle Astúries durante todas las fiestas.

Subieron los cuatro pisos en una procesión que duró veinte minutos. Ondina iba delante y abría el paso; en segundo lugar, Francisco, agarrando la silla; después venían la silla y Jordi, sufriendo por no caer escaleras abajo, y cerrando la comitiva, para protegerlos a todos, estaba Martina. Afortunadamente, arriba les esperaba Elisabet que, radiante como un sol, les había preparado una bienvenida festiva con un «FELIZ NAVIDAD» hecho con letras rojas de cartón, colgadas en la pared con un cordel.

Dentro de la casa, Sky, añorado como estaba de Jordi, se subió a su regazo y no se movió en toda la semana. Y aunque Jordi, por el agarrotamiento de las manos, no podía acariciarlo como hubiera querido, se nutrió del calor de aquel peluche, de su energía reparadora y de sus lametones calentitos.

Aquel día de Navidad, Ondina estaba con su padre, Francisco libraba y Martina tuvo que irse de casa con los barquillos a medio digerir. Había estado en el templo. En el templo de la risa. Actuar en una comedia es una maravilla. Hacer reír a los demás no tiene precio. Y hacerlo con un aforo de seiscientas personas es apoteósico, incomparable, adictivo. Con todo, aquellos días Martina era una payasa triste. Por fuera era Madame Diderot, con sus tirabuzones y sus saltitos alegres. Por dentro aullaba una loba.

En solo un año, había pasado de no tener trabajo a tener mucho. Por la mañana en la tele y por la noche en el teatro. Los sábados, función doble. La de la tarde comenzaba a las seis y la de la noche, a las diez. Regresaba a casa a la una de la madrugada. Muchas mañanas se levantaba a las cinco para empezar a grabar a las siete. Y necesitaba estudiarse los guiones. Estaba feliz de trabajar tanto. Y eso que dijo que no a un par de papeles más que le propusieron. Sin embargo, una tristeza de fondo teñía de negro aquel éxito. Una alerta interior la acompañaba siempre.

Mierda de enfermedad.

Un mes después, Martina dejaba su trabajo en el teatro; no podía con todo y quería estar al lado de Jordi.

11

Esa noche tuvo miedo. Al día siguiente se casaba. Jordi era su tercera pareja y, hasta entonces, nunca había sido lo bastante valiente para hacerlo. Le entusiasmaban los rituales, pero eso de «para siempre» nunca lo había visto claro.

Años atrás, había imaginado cómo sería su boda si un día encontraba la pareja ideal. Tenía una fantasía: hacer una fiesta sonada, vestida de novia sexy, con un escote hasta el ombligo, ligas, braguitas de blonda transparentes y unos lacitos con sabor a chocolate que se irían deshaciendo lentamente a mordiscos. Luciría una melena como la de Rita Hayworth en *Gilda*, que le caería sobre los hombros desnudos. Y se emborracharía. Y bailaría como una loca, y reiría, y al llegar a casa le haría un *striptease* a su flamante marido, que descubriría sus juguetes eróticos, y echarían un polvo histórico con nueve o diez orgasmos.

Quería casarse, sí, pero aquella noche tenía miedo. Porque cuando él muriera, y era evidente que no tardaría mucho, sería «una viuda». Y ella no quería ser «una viuda». Ni estar confinada a ese rol, ni a la pena eterna, ni a vestirse de negro. No quería. Ella deseaba vivir y volver a amar. Regenerarse como una estrella de mar tras haber perdido un brazo. Sí, aquella noche tenía miedo al futuro, a su condición de viuda.

Era una mañana de mayo de 2009. Hacía un sol deslumbrante. Cris y Lila eran las testigos. Las tres amigas estaban ya en la sala, esperando a que Jordi saliera del baño matinal, aquel día bajo la tutela de Francisco. Martina estaba muy contenta de tenerlas en casa.

—¿No tienes frío con tirantes? —preguntó a Cris.

—No, niña, que estoy menopáusica perdida y tengo unos sofocos...

—¿Tienes la menopausia? —se sorprendió Lila—. ¡Pero si no llegas a los cincuenta!

—Los cumplo el próximo año.

—Uy, pues a partir de ahora te secarás como una pasa.

—Oye, niña, ¡tú sí que te arrugarás de tanto fumar! ¡Ya se te empieza a hacer el código de barras y sólo tienes cuarenta y cuatro!

—¿Qué es el código de barras? —preguntó Martina, divertida.

—Son esas arruguitas verticales que te salen alrededor de los labios. Y, si fumas, salen antes.

—Nunca lo había oído... Pues yo tengo unas reglas descomunales, chicas. Un día de éstos moriré desangrada.

—Eso es por el dolor que llevas dentro —dijo Lila mientras sacaba el tabaco del bolsillo de la cazadora—. ¿Puedo fumar aquí?

—¡Sí, por supuesto! Está todo abierto. Dame uno, ahora que no me ve Jordi...

—¿Te lo lío yo?

—No, déjame a mí. ¡Rápido! Que no me pille...

Lila le dio el papel, el tabaco y el filtro.

—Pero ¿no habías dejado de fumar? —preguntó Cris.

—Sí, hace cuatro años que no fumo —dijo Martina mientras liaba el cigarrillo.

Luego lamió el papel para encolarlo. Al ver que no se pegaba, porque lo había puesto al revés, intentó darle la vuelta. Sin embargo, nerviosa por las prisas y por la falta de práctica, se le cayó todo el tabaco al suelo.

—¡Ay, ay!

—Trae aquí, que te lo hago yo —se ofreció Lila.

Como un cohete, Martina fue a buscar una escoba y una pala para borrar aquel pequeño desastre.

—¿Te da cosa casarte? Yo lloraré como una Magdalena. Es tan fuerte todo esto… —le dijo Cris, mientras le arrebataba la escoba para limpiar ella.

—Nunca en la vida habría imaginado una boda así, pero…

Lila encendió el cigarrillo y se lo puso en la boca a su amiga.

—Ten. Fuma, hija, fuma…

La primera calada fue asquerosa, y la segunda y la tercera… pero en la cuarta ya le encontró el gusto. La voz de Francisco avisó de que entraban en la sala.

—¡Bueeeno, aquí llega el novio!

Jordi lucía una camisa blanca de lino que guardaba en el armario desde hacía un par de años. Aunque le iba muy ancha, estaba radiante. Con un acto reflejo, Martina escondió el pecado, dejando caer el cigarrillo al suelo, como cuando en el Institut del Teatre la pillaba la profesora de voz. En ese mismo instante llamaron al timbre de la calle.

—Será el notario.

Y haciendo un gesto secreto a Lila para que recogiera el cigarrillo del suelo, fue a abrir la puerta.

El letrado, después de entrar en la sala con un cordial «buenos días», fue al grano. Puso una cartera de piel marrón sobre la mesa.

—¿Puedo dejarla aquí? —preguntó mientras sacaba unos papeles.

—Sí, claro —dijo Martina.

Las tres amigas, que se llamaban a sí mismas «las nenas», observaban emocionadas y expectantes las instrucciones del notario.

El cigarrillo seguía en el suelo, ya casi apagado.

Martina se acercó a Jordi y, con un gesto delicado, le tomó las manos. Habían sido tan bonitas... Antes. Ahora estaban rígidas y desfiguradas, pero en ellas veía toda la vulnerabilidad humana y, por ello, las amaba todavía más. Los dedos, encorvados hacia dentro como garras, se cerraban como puños. Suavemente, le abrió las palmas y las estiró para poner sus manos sobre las piernas.

Así mejor.

El notario —un hombre gris, con traje gris— tenía que llevar a cabo un trámite con un nombre feo: una boda *in articulo mortis*. Mientras leía el texto del código civil, Martina vio que la cabeza de Jordi caía hacia delante y, con un movimiento rápido e instintivo, se puso detrás de él, se la levantó con suavidad y la apoyó sobre su pecho, haciéndole de respaldo.

Así mejor.

En menos que canta un gallo, el letrado había terminado:

—Tienen que firmar todos aquí.

Cris preguntó si debían ponerse los anillos antes de firmar el acto de boda. El hombre gris, con un gesto desconsiderado, dijo que no hacían falta los anillos. Ofendida, respondió que sí que hacían falta, que por supuesto que hacían falta, y que esperara un momento. Abrió la cajita que llevaba en la mano y ofreció los anillos a Martina, que puso primero el anillo a Jordi y después se puso el suyo.

—Ahora sí. Ahora ya podemos firmar —dijo Cris con la satisfacción de haber hecho las cosas como Dios manda.

Martina le dio un beso apasionado a Jordi. Aunque sus labios no fueran jugosos, ese beso era para el hombre que estaba prisionero dentro de un cuerpo esclerótico. Cris y Lila se emocionaron. Incluso el notario parecía enternecido. Martina le guiñó un ojo.

Lo prometí. Prometí que lo haría bonito.

Le acompañó hasta la puerta y le dio las gracias.

Con tanta emoción, nadie veía que la punta del cigarrillo ya apagado seguía en el suelo. Cris abrió una botella de cava en medio de bromas. Jordi estaba feliz. Cuando las burbujas le habían subido ya a la cabeza, Martina se soltó y dijo a Lila que le «hiciera un piti». Mirándola preocupado, Jordi negó con la cabeza. Él sabía lo que le había costado dejarlo.

—No te preocupes, sólo será ese cigarrillo y ya no volveré a fumar nunca más.

Mentía, por supuesto, porque después de este «piti» vendrían muchos más.

Ella lo sabía.

También lo sabía él.

Lo sabía todo el mundo.

No. No había sido la boda que ella habría deseado. Pero había sido *su* boda. Hacía tiempo que la enfermedad había acabado con el erotismo, forjando en ella una nueva forma de amar, más espiritual y compasiva. Años después, comprendería que aquel amor que había ido calando en su interior no era un sentimiento, sino algo mucho mayor.

12

Los médicos de Bellvitge informaron a Martina de que, aunque no podían predecirlo con seguridad, se evidenciaba un proceso de degeneración acelerada. Probablemente Jordi no viviría más de cuatro meses. Estaba muy delgado.

Desde que la ELA le había afectado a la faringe, su vida cotidiana se había complicado aún más. Ya no podía comer sólido, sólo cremas, purés, gelatinas, yogures y batidos. Una dieta que se deslizara bien por la garganta, porque le costaba mucho masticar y tragar. En términos médicos, sufría de disfagia orofaríngea, cosa que hacía que la comida pudiera ir a parar a la tráquea. Esto comportaba un riesgo elevado de neumonía por aspiración, una infección pulmonar grave que requeriría ingresar en el hospital y ser intubado. Si el alimento no era expulsado de la tráquea, existía además el riesgo de ahogamiento y muerte.

Así de bestia.

A Martina se le había metido en la cabeza hacerle una crema de gambas; quería que probara un sabor diferente, algo exquisito. Como todos sus sentidos seguían intactos, ese día disfrutarían del placer gustativo.

Arañaban migajas de vida.

—Hoy te prepararé un plato sorpresa, amor. Voy al mercado. Ahora vengo.

Antes había ido siempre con él a comprar, pero ya hacía semanas que no salían ni siquiera a la playa. La pescadera, que hacía año y medio que les conocía, les había reservado una bandeja llena de gambas rojas brillantes, «son fresquísimas, niña, acaban de llegar de Arenys».

Era un día soleado y tranquilo. Francisco estaba en su habitación escuchando música y leyendo. Jordi, frente a los ventanales, mientras esperaba la comida contemplaba el mar. Su amigo el mar. La capacidad que tenía de apreciar todo lo que le rodeaba era admirable. Disfrutaba de un rayo de luz, de una mosca que se restregaba las patitas, de una gota de agua deslizándose por el cristal, del movimiento trémulo de una hoja…

Martina cocinó una receta de Cris. Puso la mesa con un mantel blanco impecable y dos copas de cóctel, una para él y otra para ella. Saborearían una comida festiva, de celebración.

Fue a buscarle. Le tapó los ojos con un pañuelo de seda que le ponía en el cuello cuando salían a tomar el fresco. Luego llevó la silla de ruedas hasta la mesa del comedor y le acercó la copa a la nariz.

—¿Qué es?

—Adivínalo.

Él lo olió.

—¿Gambas?

—¡Sí! —le dijo quitándole el pañuelo de los ojos.

Al ver aquella mesa festiva y la copa, Jordi sonrió. Mientras volvía hacia Martina aquellos ojos grises, tristes, agradecidos y llenos de vida, dijo en voz muy baja:

—Amor, eres un sol.

Frente a una crema de gambas, en un apartamento con vistas al mar, celebraban su amor. Aún con vida.

Martina le acarició los rizos.

—Estás tan delgado…

—Tú también has adelgazado mucho —dijo él con mucha dificultad.

—Sí, pero mira lo bien que me quedan los vaqueros, mira qué culito… —le dijo poniendo el trasero en pompa.

Se rio.

—Venga, ¿comemos?

—Sí.

Le dio la primera cucharada. La degustaba muy lentamente, como si la crema fuera muy pastosa. Ella le observaba atenta.

—¿Te gusta?

Jordi puso los ojos en blanco.

Martina probó su plato. Era buenísimo.

Le dio la segunda cucharada. Ya la tenía dentro de la boca cuando percibió que algo no iba bien. Los ojos de Jordi se abrieron mucho, asustados. Parecía que quería toser para expulsar algo, pero no lo lograba. Martina reaccionó enseguida dándole unas palmaditas en la espalda. Él movió la cabeza de forma muy enérgica. No quería que le tocara. Aquella sensación de impotencia, de no poder hacer nada, de tener que esperar a que su organismo lo lograra solo era desesperante. Jordi cerró los ojos y Martina entró en pánico. Le vino un sudor frío. No era la primera vez que ocurría esto, pero le resultaba imposible acostumbrarse. Imposible. Por lo general, en unos segundos, todo volvía a la normalidad.

Jordi abrió los ojos. Con un gesto indicó que sí, que todo bien. El susto había pasado.

No obstante, el cuerpo de Martina, su sistema nervioso, registraba sin que ella fuera consciente cada alarma, cada susto.

Arañaban migajas de vida, sí, pero qué vida más bestia.

—Descansemos un poco, ¿te parece?

Él negó con la cabeza. Quería más. Martina tomó aire y valor. Cuando le dio la tercera cucharada, comprendió al instante que había cometido un error. ¡Otra vez! El cuerpo de Jordi se quedó rígido. De repente, dejó de respirar y su cabeza cayó hacia adelante. Estaba inconsciente.

—¡Francisco!!!

El cuidador llegó corriendo. De un revuelo, lo agarró y lo agitó con fuerza hasta que el aire volvió a entrar en sus pulmones. Luego lo llevó hasta el sofá y lo sentó con cuidado. Jordi había recuperado la conciencia. La miró a los ojos y sonrió.

Aquello era un infierno.

Por la noche, mientras él ya dormía y Martina estaba en la playa fumando un cigarrillo, pensó que, a fin de cuentas, morirse de repente comiendo una crema de gambas no habría sido tan mal final. Sin embargo, le habían reanimado.

Arañaban migajas de vida, sí, pero ¿a qué precio?

Que me perdone el universo.

13

—¿Me ayudarás a morir?

—Claro.

Habían leído una decena de libros sobre la muerte. Elisabeth Kübler-Ross, la autora más popular del género, lo explica como una transmutación. Cuando la oruga ha finalizado su crecimiento, realiza la última muda y se transforma en crisálida, formando un capullo de seda. Entonces comienza su metamorfosis en mariposa, proceso que tiene una duración indeterminada. Al terminar, rompe el envoltorio y sale por fin al exterior. Tras secarse las alas exponiéndolas al sol, inicia el vuelo.

Esta metáfora la habían utilizado los psicólogos del equipo de paliativos cuando empezaron las visitas. Imagen hermosas para aceptar el adiós inevitable. Un día le dijeron a Martina:

—Jordi no necesita que le expliquemos nada, lo tiene todo mucho más claro que nosotros.

Otra obra de cabecera era *El libro tibetano de la vida y de la muerte*, una versión moderna del antiguo *Bardo Thodol*. Martina tenía en casa desde hacía años aquel clásico de la sabiduría budista. El texto, original del siglo VII, es un ritual para guiar a la persona en tránsito por los estados póstumos. Se cuenta que, en el momento de la muerte, pasamos por diferentes estados, algunos aterradores y oscuros, pero otros bonitos y luminosos. El maestro se pone, entonces, junto al moribundo y le susurra al oído el camino hacia la luz. El libro que Martina había subrayado estaba acartonado y amarillento, porque su amado Sky se había meado encima. Era una reliquia llena de interacciones.

La versión moderna, occidentalizada y ampliada con contenidos psicológicos, se utiliza en todo tipo de procesos de duelo. Es un libro de referencia para toda persona que busca consuelo. Reconforta porque ayuda a reflexionar sobre la existencia, al revelar la presencia de una verdad última que sustenta el universo. Si somos capaces de verla, podremos experimentarla en el momento de traspasar y, como una liberación, nos volveremos Uno con el Todo. Se trata de una experiencia mística que puede vivirse en el momento de la muerte.

Esta promesa de iluminación fue la última travesía capitaneada por el médico homeópata, poniendo a prueba las convicciones más íntimas de Jordi y Martina.

Saltaba a la vista que el cuerpo no había sanado. ¿Y el alma? ¿Se había curado el alma? ¿Y con el alma curada podría vivir esta experiencia? Y si no, ¿no la viviría?

Jordi mantenía una entereza y una lucidez extraordinarias. La homeopatía, junto con el amor y la entrega de Martina para hacerlo feliz y acompañarle en todo momento, ayudaban, pero, por encima de todo, existía su propia capacidad de aceptación de la enfermedad, así como el agradecimiento mayúsculo que él sentía por la vida.

14

Martina dejó las bolsas del mercado sobre el mármol de la cocina. Francisco estaba preparando un arroz blanco. Su forma de cocerlo era impecable. Daba con las proporciones adecuadas de forma precisa, nunca le sobraba agua. Ella abrió la tapa de la olla.

—Mmm… ¡Qué buena pinta!

—Tengo que decirle una cosa, espero que no se lo tome a mal.

—Uy, espera, que necesito ir al baño.

Mientras ella se lavaba las manos, se preguntaba qué diablos querría decirle. Regresó a la cocina. Fue sacando las cosas de la bolsa —la remolacha, la piña y el jengibre— para hacer un cóctel vitamínico que les gustaba mucho. Mientras pelaba la remolacha, le preguntó:

—¿Qué quieres decirme?

—Bueno… pues quiero decirle que les dejo.

Siempre que Martina pelaba remolacha y se le manchaban las manos de rojo pensaba que un día le gustaría interpretar a la mala Lady Macbeth.

—¿Cómo que nos dejas?

—Que les dejo, que dejo el trabajo.

—No me jodas, Francisco.

—No les quiero joder, señora, pero me tengo que ir.

—¿Por qué te tienes que ir? ¿Ha ocurrido algo?

—Me ha salido otro trabajo y me dan más dinero.

—¡No puedes dejarnos ahora! ¿Tú sabes cuánto tiempo le queda a Jordi? Tres meses, como mucho.

—Es mucho tiempo. No me puedo quedar. Además, estoy muy cansado.

Martina estaba inmóvil con el cuchillo en la mano, manchada de rojo.

—Y yo estoy a punto de cortarme las venas. Esto no se hace, tío. Esto no se hace.

Con un movimiento rápido y furioso, arrojó el cuchillo y la remolacha al fregadero. Se limpió las manos asesinas, sintiendo cómo el agua fría intentaba borrar el tinte rojo y la impotencia que sentía. A punto de llorar, dijo:

—Me voy a la ducha.

Veinte minutos bajo el agua caliente la tranquilizaron. En efecto, resultaba extenuante cuidar de Jordi. Su nivel de dependencia era altísimo. Lo único que podía hacer solo era pensar, sentir, comprender y soñar. Experiencias del espíritu. Para el cuerpo, necesitaba a alguien como Francisco. Algo realmente difícil de encontrar.

Cuando salió de la ducha, el espejo le devolvió la imagen de su cuerpo desnudo.

«Estoy hecha un asco.

»Piel y huesos.

»Como él.

»Moriremos juntos».

Volvió a la cocina. Francisco se estaba comiendo el arroz de pie. Vio a un esclavo. Un esclavo orgulloso. Su presencia le evocó imágenes de sus antepasados, colonizados, violados y sometidos por los energúmenos que conquistaron su tierra. Martina sentía rabia y pena a partes iguales. Rabia porque ahora quería abandonarlos. Pena por él. Por los suyos. Porque era un buen hombre que había cuidado de Jordi con ternura y dedicación. No era justo enfadarse con él.

«¡Qué mierda, todo esto! ¡Qué puta mierda!».

Se abrió una cerveza que había sacado de la nevera. A menudo Martina se preguntaba cómo era la vida personal de Francisco los días de fiesta; si tenía una amante, si estaba enamorado o cuáles eran sus sueños aparte de hacerse millonario. Sin embargo, nunca se lo había preguntado. Comprendía que quisiera irse. Lo comprendía perfectamente. Demasiado había aguantado ya. ¿Acaso tenía miedo de verle morir?

—¿Necesitas más tiempo libre, Francisco?

—Estoy haciendo un curso para ser instalador de placas solares. En un par de meses me llamarán para empezar a trabajar.

—Me alegro por ti, seguro que es un buen trabajo. Entonces, ¿podrías quedarte hasta que te llamen?

—Quiero organizarme para la nueva vida. Volver a Barcelona y buscar piso.

—No te puedes ir, Francisco. Te necesito. Quédate de lunes a jueves y busco a alguien para el resto de la semana.

Se lo pensó un momento. Se acabó las dos cucharadas de arroz que le quedaban en el plato.

—Bueno, si descanso los fines de semana, vale, pero quiero seguir cobrando lo mismo.

—Lo que tú digas, pero quédate hasta el final. Por favor. Yo tampoco puedo más. Queda muy poco tiempo.

Martina encontró a una mujer fantástica que vivía en Mataró. Mercè. De unos sesenta años. Amorosa hasta la luna. Una *mamma* italiana con unas ubres enormes y preciosas que invitaban a meter la nariz entre ellas y echarse una siesta. Un buen sitio para morir, dormir, soñar. Con una fuerza interna y externa descomunal. Iba los fines de semana a primera hora y se marchaba al final del día, después de meter a Jordi en la cama.

Martina sabía que, con dos cuidadores y dos alquileres, los gastos empezaban a ser insoportables, pero había logrado retener a Francisco un poco más.

15

Martina y Jordi hacían aquel ritual todas las tardes en su habitación.

En la mesita de noche había una pintura tibetana sobre tela que representaba a una deidad, el Buda de la Compasión, llamado Avalokiteshvara. La leyenda dice que hizo la promesa de no descansar nunca hasta haber liberado del sufrimiento a todos los seres sensibles. Con este fin, le crecieron otras once cabezas para poder escuchar a todos los seres que sufrían, y mil brazos para poder ayudarles. Este buda va siempre acompañado de un texto metafísico titulado *Sutra del corazón*.

Explica que los fenómenos no son distintos a la vacuidad y que la vacuidad no es diferente de los fenómenos. Que los cinco aspectos que configuran la existencia humana —el cuerpo, las sensaciones, las percepciones, las formaciones mentales y la conciencia—, en última instancia son vacío. Y que, a su vez, este vacío contiene potencialmente todos y cada uno de los fenómenos.

Viene a decir que, más allá de las experiencias sensoriales y de nuestros pensamientos, existe un estado despierto de la mente que trasciende toda dualidad, donde no existe dolor ni sufrimiento, ni vida ni muerte. Es el llamado Nirvana.

Jordi le pedía a Martina que se lo leyera una y otra vez. Cerraba los ojos y se relajaba. Lo estaba memorizando. Era su mantra, un texto en el que fijar la mente para afrontar lo que le venía encima.

Luego pedía escuchar la misa solemne de Bach. Martina encendía un par de velas y, mientras sonaba, le masajeaba los pies con aceite de lavanda. La escuchaban entera. Una hora y cincuenta minutos. Lo hicieron todas las tardes durante el último mes. Había convertido su casa en un templo para que Jordi muriera en paz. Allí todo era sagrado.

16

Morir no es fácil. Acompañar a morir, tampoco. La muerte remueve tan profundamente al ser humano que nos cuesta incluso hablar de ella sin tabúes.

El paradigma materialista en el que vivimos ha dejado de lado a la persona. Morimos en hospitales sedados hasta las orejas, intubados, aislados. No nos preparamos para un hecho que todo el mundo vivirá antes o después. Escondemos la muerte. No hablamos de ella y no queremos mirarla a los ojos. Y nos abandonamos. Sí, nos abandonamos emocional y espiritualmente. Como si ese país desconocido nos pudiera secuestrar cuando todavía no es nuestra hora. Dejamos a los moribundos allí, solos, en el momento más trascendente de su vida.

Da igual si no hay vida más allá de la muerte. Al final, es una cuestión de creencias. Todas legítimas, sólo faltaría. Bastante difícil es. Se habla mucho del derecho a morir dignamente. Pero una muerte digna no es sólo la libertad de poder optar a la eutanasia. La muerte digna también es cuidar a la persona más allá del cuerpo. Y saber cómo hacerlo. Cada vez hay más voluntarios que se dedican a acompañar en este tramo crucial de la vida, pero quizás es necesario también que los propios, los de casa, sepamos hacerlo.

17

A veces los moribundos intuyen cuando van a marcharse.
—D-E A-Q-U-Í A T-R-E-S D-Í-A-S —le había dicho
Jordi.

—¿Cómo lo sabes?

—P-O-R-Q-U-E N-O P-U-E-D-O R-E-S-P-I-R-A-R.

Hacía semanas que en la mesita de noche estaban las
cartulinas del Guttmann, con las letras del abecedario y unas
ilustraciones de todas las partes del cuerpo, así como de las
acciones básicas (comer, beber, dormir, rascarse, hacer caca).
El código para comunicarse era el siguiente: con un dedo, ella
recorría las letras de la cartulina. Un cierre rápido de los ojos
significaba «sí», mientras que un cierre firme durante un par
de segundos quería decir «no». De esta forma, construían las
palabras letra a letra.

En la misma mesita había unas botellitas de morfina.
Hacía días que las habían traído los médicos de cuidados
paliativos. Se las ofrecieron para que estuviera más tranquilo,
pero él no quiso. Si Jordi cambiaba de opinión, ella podía ad-
ministrársela en cualquier momento.

El equipo del PADES (programa de atención domicilia-
ria y equipos de apoyo) iba todas las mañanas. Le examinaban,
le tomaban el pulso, le preguntaban cómo estaba, si necesitaba
algo. Y todos los días igual:

—¿Quieres que te pongamos un poco de morfina?

Jordi apretaba los párpados con fuerza: significaba que no.

—No es necesario que lo pases mal —le insistían los médicos.

—N-O L-A T-O-M-A-R-É.

No lo entendían. Cuando Martina les acompañaba a la puerta, le decían que solo había que administrarle una dosis muy pequeña de morfina, que estaría mejor, menos inquieto. Ella no les decía que había un gurú homeópata que mandaba más que ellos, y que le había hecho una promesa de iluminación a Jordi. No les decía que se había empeñado en realizar el traspaso de forma consciente, porque de otra forma perdería la posibilidad única de entender el porqué y el cómo de la existencia. No podía decirles todo esto, porque sería traicionar a Jordi. Pero era el motivo por el que no quería tomar morfina.

Martina regresó a la habitación. Jordi quería decirle algo. Tomó la cartulina.

—LL-A-M-A A C.

Y llamó a C.

—Disuelve cuatro bolitas del remedio con siete cucharaditas de agua, y le vas dando una cucharadita cada dos horas.

—¿Y no crees que puede tomar algo de morfina?

—En su situación, si la toma se irá.

—Los del PADES nos han dicho que se tranquilizará y que no sufrirá tanto.

—Esperad unos días. La morfina adormece la conciencia y no logrará traspasar consciente.

—Pero está sufriendo mucho.

—La morfina es para el dolor y Jordi no tiene dolor. El sufrimiento es otra cosa.

—No le duele nada, pero se ahoga. ¿Te parece poco doloroso?

—Un poco de paciencia. Solo un poco.

—Cuando mis padres murieron con sedación, no los vi con ese sufrimiento.

—El alma sufre igualmente, pero nosotros no lo vemos. Por eso pensamos que están tranquilos. Y, además, el caso de Jordi es diferente: es joven y no quiere marcharse. Llámame mañana a ver cómo le ha ido el remedio.

Martina miró a Jordi, que la escuchaba y lo entendía todo. Estaba cerrado en banda.

—No puedo más, amor. No puedo verte sufrir más.

Jordi le pidió que tomara la cartulina.

—EN T-R-E-S D-Í-A-S.

—Cuando pasen estos tres días, ¿tomarás morfina?

Cerró los párpados rápidamente, lo cual quería decir que sí.

18

Una respiración pesada resonaba en un cuerpo cadavérico que, tercamente, iba de un lado a otro del piso buscando un lugar de reposo.

Sofá, cama, silla de ruedas.

Sofá, cama, silla de ruedas.

Sofá, cama, silla de ruedas.

En su rostro se veía cómo la muerte lo estaba sorbiendo. Una piel pálida y una mirada que se iba hacia adentro, hacia un lugar remoto. La constante inquietud del cuerpo manifestaba que, ahí dentro, el ser humano libraba la última batalla de la vida. No podía comer nada. No quería beber nada. Solo le reconfortaba un algodón mojado con agua que Martina le pasaba por los labios.

Aquella noche había un Barça-Madrid. Lo daban por TV3. Durante los últimos meses, el fútbol había sido lo único que le distraía. Como su padre, recordaba a menudo Martina, estos culés son la pera. Pero aquella noche no quiso ver el clásico. Prefirió quedarse en la cama.

Ella bajó a la playa. Las noches de verano junto al mar estaban llenas de vitalidad y de alegría. Había jóvenes cantando alrededor de una pequeña hoguera. Desde la arena, ella miraba su apartamento. La luz encendida del salón no revelaba que en esa casa hubiera alguien que se estaba muriendo. Entendió que la vida, bajo sus múltiples formas, se transformaba a cada instante. Que ocurría todo a la vez. Vida y muerte. Alegría y dolor.

Sintió que todas las cosas —las personas, las casas, el paisaje, la luz, la propia vida— eran como un sueño, y pensó que aquel personaje de Calderón tenía razón cuando decía que la vida es una ilusión, una sombra, una ficción.

El mar estaba en calma. Caminando por la arena, descalza, daba rienda suelta a las cavilaciones.

¿Hay vida más allá de la muerte? No se sabe. Nadie ha regresado para contarlo. Existen las experiencias *post mortem*. Personas que han estado un tiempo en el otro barrio, pero que han vuelto porque una voz les ha dicho que todavía no era su momento. Y lo han hecho con cierto pesar, porque la luz encantadora y la paz que se experimenta, dicen, son cantos de sirena irresistibles.

Visto así, sólo tengo que ayudar a Jordi a subir a una nave para emprender un viaje interestelar. Hay quien dice que estas experiencias no tienen nada de espiritual. Que es la falta de oxígeno la que provoca alucinaciones. No sé qué pensar. ¿Y qué dice el zen? El budismo zen no cree en la reencarnación ni en la persistencia de la individualidad. Pero habla de la iluminación como de un estado que puede conquistarse en vida para experimentar la eternidad.

¿Y al morir?

La gota se disuelve en el mar, volviendo a casa.

¿Y qué ocurre si alguien toma morfina y no traspasa consciente? No hay ningún problema, la gota se disuelve en el mar igualmente.

Desde pequeña, Martina se había atormentado con la imagen de un abismo negro y lleno de gusanos, tal como le había dicho un día su padre. Con el tiempo, su idea de la muerte fue cambiando por una versión más amable y espiritual. Durante aquellos tres años, había afrontado la enfermedad de Jordi con valentía y serenidad, mucha práctica de meditación y algunas lecturas. Se había preparado para su muerte. Se habían preparado juntos. Pero ya no podía más. Quería que se acabara ese martirio. Y volver a casa con Ondina.

¿Soy egoísta?

Mirando aquel mar negro, deseó que emergiera Neptuno con su tridente y se la llevara al mundo de Hades.

26 de agosto. Había pasado un día.

19

Tenían un amigo que mezclaba fresas, cantatas de Bach grabadas con voces blancas y sexo oral. Decía que es excelso. En esto cada uno...

Las fantasías sexuales deben vivirse. Y, a ser posible, de joven. Entonces se acepta mejor la madurez y se es feliz si los otros lo pasan bien. Es un buen antídoto contra el mal carácter, la frustración y la homofobia. Si la animalidad no está satisfecha, molestará tarde o temprano en forma de sombra.

A Martina siempre le había gustado ir por el suelo. Sola o acompañada. El parqué sintético, la cerámica, la madera, la baldosa hidráulica, la moqueta y la alfombra eran opciones de interior. Al aire libre funcionaban bien el césped y la arena —sus preferidas—, el pajar —un clásico— y el suelo frío bajo la parra del patio en pleno verano.

Cuando se conocieron con Jordi, enseguida supieron que estaban hechos el uno para otro. Les gustaba caminar por el campo, por el bosque espeso y por los pinares mediterráneos. Como los bichos que se huelen y follan allí mismo sin ningún preludio. Por un cambio de viento, les venía el deseo de rodar por el suelo. Siempre eran lugares aislados donde no había nadie. Solo la presencia de duendes mirones que aplaudían al acabar el espectáculo.

La cama de su casa les servía para el sexo cotidiano. Pero, cuando querían hacer un extra y subir la temperatura, se desnudaban por completo, «no te dejes los calcetines puestos, que es muy penoso», le decía ella, y hacían el amor al aire libre, a ser posible con vistas panorámicas. Uno de los caminos que recorrían a menudo era el de las Rocas de Benet. Allí arriba, sobre aquellas piedras misteriosas desde donde se veía toda la comarca de la Terra Alta, con el cielo cerca, materializaban el espíritu.

Como debían de hacerlo sus antepasados, los australopitecos. Un acto sagrado, apoteósico, libre y creativo. Como la *Novena sinfonía* de Beethoven, la Capilla Sixtina, las obras de Shakespeare y Tolstoi, el *Guernica*, y *El grito* de Munch. Como Marilyn drogada cantando el *Happy Birthday Mr. President*, Janis Joplin en su *Cry Baby*, Marlon Brando gritando «Stelaaa» en *Un tranvía llamado deseo*, el aullido silencioso de Al Pacino en el *Padrino 3* o Elvis cantando *Unchained Melody* días antes de morir. Con riesgo, pasión y libertad.

Martina le preguntó cómo deseaba que fuera su funeral. Sabía que quería ser incinerado, pero no habían hablado más del tema.

—H-A-Z L-O Q-U-E Q-U-I-E-R-A-S.

Sólo tenía un deseo:

—LL-É-V-A-M-E A L-A T-E-R-R-A A-L-T-A.

Allí donde había pasado años pintando paisajes, donde había viajado hacia el fondo de sí mismo, atravesando tierras baldías y fangosas; donde se había perdido y se había encontrado y se había vuelto a perder y se había vuelto a encontrar; donde, trepando como un corzo por paredes escarpadas, había descubierto rincones mágicos y piscinas naturales; donde a base de pinceladas había penetrado en el alma de cada hoja, de cada piedra, de cada nube; donde se había abrazado a los nogales y a los robles como un niño perdido a su madre recobrada; donde cada hormiga y cada mosca recibían el nombre de hermanas; donde había oído latir la savia que impulsa la vida, donde había vislumbrado la unidad de todas las cosas. Un viaje silencioso y solitario hasta encontrar a Martina.

El primer día que la llevó a las pozas, ella no dudó ni un instante; se quitó toda la ropa y se zambulló. Era buena nadadora y, para presumir un poco, le dedicó unas brazadas de mariposa. Al salir del agua, con los senos turgentes y el cuerpo mojado, le dio un beso húmedo. Él admiraba la piel que había dibujado y besado, haciéndola sentir como una diosa.

—Por fin la Mujer de agua se ha hecho real.

—Ven, bañémonos juntos.

Y la ninfa corrió hacia el agua. Como un rayo, él se desvistió, descubriendo un cuerpo fornido de atleta, y se sumergió con ella para bailar juntos bajo el agua cristalina.

Fue feliz. Fueron muy felices. ¿Dónde debían ir las cenizas sino a su paraíso?

27 de agosto.

Habían pasado dos días.

20

Se le hizo raro verlo allí, al otro lado de la cama, junto a la ventana, donde siempre dormía ella. Pensó que quizás había rodado hasta allí, o que Fina lo había movido mientras ella estaba en la ducha.

Querrá estar más cerca del horizonte marino.

Fuera caía un sol de justicia. En la playa, la vida latía. Llegaron los médicos de paliativos, como todos los días, a las once de la mañana, planteando de nuevo el tema de la morfina.

—Podríamos administrarte un poco, muy poquita, para que puedas sentirte mejor —dijo la doctora.

Jordi cerró los ojos con fuerza.

—Amor, un poquito sólo —le pidió Martina.

Él se fue hacia adentro cerrando los ojos. Estaban todos pendientes. Después de unos segundos, los abrió e hizo una bajada de párpados lenta y solemne. Conforme y rendido. Martina y los médicos respiraron aliviados.

La doctora le puso una jeringa con una cánula para administrarle una dosis minúscula. Poco a poco le entraba el líquido milagroso que debía relajarle. Se volvió lentamente hacia su derecha y se durmió.

Cuando los médicos salían por la puerta, dijeron que al día siguiente por la mañana volverían a ver cómo le había ido. Era la una del mediodía.

La madre de Jordi se había instalado en casa. Era evidente que se avecinaba el final. No se soportaban entre ellas, pero el momento era trascendente y ambas necesitaban estar allí.

Francisco esperaba indicaciones encerrado en su habitación. No tenía que mover un dedo, porque todo lo hacía Martina, que estaba de vacaciones y no se movía de casa.

Excepcionalmente, aquel mediodía había quedado con Lila para picar algo en el Voramar, justo debajo del apartamento. Se sentaron en la terraza, que estaba llena de gente, y pidieron unos mejillones al vapor, unas navajas y vino blanco. A finales de agosto, las temperaturas eran muy altas, incluso en primera línea del mar.

Charlaban sobre la muerte. Martina era incapaz de hablar de otra cosa. Entonces Lila, que hacía pocos días había enterrado al padre de su compañero, dijo:

—*He visto la energía del espíritu saliéndole por el cráneo. Avísame cuando ocurra. Quizás vea el espíritu de Jordi.*

Aquellas frases de Lila a veces le dolían. Martina se lo perdonaba todo porque ya sabía que su amiga era así, mandona y un poco sabelotodo, pero ese día algo se le rompió por dentro. Cansada de su esoterismo de poca monta y con ganas de volver a casa, se acabó la copa de vino de un trago.

—Tengo que irme.

Y subió al apartamento.

Fina estaba haciendo la siesta en el sofá. Francisco leía en su habitación y Jordi estaba en la cama en la misma postura que le había dejado.

Al acercarse, vio que la piel le había cambiado de color. Estaba claro. Un hecho se mostraba con crudeza ante sus ojos: la disolución lenta y agónica de los elementos que conforman la vida de un ser humano. Se habían preparado durante tres años para ese momento, pero no esperaba que fuera ahora. Ella no había creído que aquella pequeña dosis de morfina pudiera desencadenar el final.

Así, Civit tenía razón.

Le acarició la mejilla con ternura. «Estoy aquí, amor». Afrontando el misterio con naturalidad, se tendió en la cama con él y lo abrazó suavemente, ofreciéndole el calor de su cuerpo mamífero. Y su amor. Amor de amiga, de compañera, de amante. Sin dramas. Entregada plenamente a cada aliento, perdió la noción del tiempo.

La guiaba una intuición atávica.

De repente, supo que debía darle más espacio. Dejarlo ir un poco. Le tomó de la mano y deshizo el abrazo, separándose unos diez centímetros de su cuerpo.

Sólo la mano.

Entonces se armonizaron a través de la respiración, inspirando y expirando al mismo ritmo que él. Entraban juntos hasta otra dimensión de tiempo.

El aire entraba y salía.

Entraba y salía.

Dos cuerpos respirando a la vez. O dos almas unidas viajando hacia un país desconocido. Él se estaba yendo. Ella le acompañaba, imaginando que una luz blanca, brillante y llena de amor le acogía y mecía. Una bella diosa alada le venía a buscar para llevárselo al paraíso.

El aire entraba y salía.

Entraba y salía.

Un solo latido. Una única respiración.

Adivinó la sombra de Fina. Estaba de pie. Los miraba.

—Qué bonito —dijo con lágrimas en los ojos—, qué bonito eso que haces.

Había llegado el momento de soltarle la mano. No quería que él sintiera que lo retenía. «Vuela, amor mío, vuela...», se iba aún más lejos. Ya sólo podían sentirse conectados a través de la respiración. Las exhalaciones eran cada vez más largas y ruidosas.

Exhalar. Exhalar. Exhalar.

Desnudez de mí.

Desnudez de ti.

Y así pasaron horas. Seis o siete. No había pensamiento. Solo la cadencia hipnótica de la respiración. Largas exhalaciones y apneas intermitentes. Un minuto sin aire y, después, los pulmones volvían a llenarse.

No supo que era la última exhalación hasta que no hizo ninguna otra.

Dejó de respirar.

Ella siguió, por supuesto.

Le había acompañado hasta el límite de sus posibilidades. Y, justo entonces, comprendió algo esencial.

La muerte pide rendición.

La vida, también.

Un silencio y una paz infinita llenaban ahora el espacio. Tumbada aún unos minutos más, el tiempo se detuvo y por un instante sintió la eternidad.

Todas las formas se habían disuelto.

Fina regresó y miró su reloj. Era la una de la madrugada.

Martina se levantó para abrazarla. La madre se acercó a su hijo y le cerró los ojos. Luego salieron de la habitación para dormir un rato.

El día siguiente, a primera hora, llamaría a los médicos.

28 de agosto de 2009.

21

A las ocho de la mañana bajó a la playa a llamar a Arnau. Antes de que ella dijera nada, él se adelantó:

—¡He tenido un sueño increíble! Era tan vívido que parecía real. Jordi venía a verme a casa. Me decía que estaba feliz porque podía volver a andar, a saltar, a bailar, e incluso a volar. Tenía mucha luz y estaba más pletórico que nunca.

—Arnau, Jordi ha muerto esta madrugada.

Martina se despidió de Francisco, deseándole un buen camino tras darle un generoso finiquito para que pudiera tener dinero y seguridad hasta empezar su nuevo trabajo. Ninguno de los dos olvidaría los años compartidos.

Ella ansiaba volver a Barcelona para reencontrarse con su hija, que estaba a punto de cumplir diecisiete años, recuperar cada hora que la enfermedad les había robado. La semana anterior, Ondina había ido a Caldetes para despedirse de Jordi, y pasó un par de horas abrazada a él, llorando. Martina habría dado la vida para ahorrarle todo aquel dolor. Cuando, al final de la tarde, la acompañó a la estación para volver a Barcelona, justo antes de subir al tren, le soltó una frase letal:

—Mamá, quiero decirte algo, pero no te enfades, ¿eh?

—Dime…

—Durante ese tiempo me he acostumbrado a estar sola. Ya no te necesito como antes. Me he hecho mayor. Lo digo porque ahora, cuando vuelvas a casa, quiero que me dejes hacer mi vida. Yo ya no puedo volver atrás.

Esas palabras le hicieron daño. Sintió pánico y culpa.

Martina se planteó quedarse en Caldetes, disfrutar de una vida retirada pacífica de monja zen. No tenía ningún tipo de interés en volver a la vida mundana, si no fuera por un sentimiento muy claro que ahora la empujaba: quizás Ondina ya no la necesitaba, pero ella sí necesitaba a Ondina. Si es que quería seguir viviendo. También podía hacer la muerta en el mar. Pero no podía permitírselo. Por su hija. Porque eso sí que no se lo perdonaría nunca.

Tendría que sacar fuerzas de dónde fuera para vivir un poco más.

22

Era su primera noche en Barcelona. En casa. Una de esas noches de verano en las que es imposible dormir. El bochorno hizo que arrastrara el colchón, pesado como un hipopótamo, hasta la galería con la esperanza de que pasara un poco de aire.

Las luces de la ciudad le hacían compañía. Con Sky acurrucado sobre sus pies se sentía protegida. En su leal mirada reencontraba el profundo vínculo que tenían.

Martina estaba muy atenta para recibir alguna señal de Jordi que le confirmara que seguía existiendo en alguna otra dimensión.

—Si hay algo, házmelo saber.

—Lo intentaré.

Recordaba aquellas palabras dichas desde el lecho de muerte que trataban de dar sentido a una vida que se iba, y a otra que se quedaba con el corazón triturado.

«No sé si después de la muerte perdura algún tipo de conciencia individual que se pueda llamar "yo", "tú" o "él". No sé si esos veinte gramos que dicen que pesa el alma humana viajan hacia una dimensión diferente de tiempo y espacio. Y, si así fuera, tampoco sé si hay rendijas o agujeros negros por donde nos podamos comunicar. Pero estoy segura de que, si hay alguna posibilidad, por remota que sea, Jordi cumplirá su palabra».

Por último, se durmió.

Hacía rato que estaba en el séptimo cielo cuando sintió una caricia en la mano derecha. No era de este mundo. Era la caricia de un ángel.

Se despertó. Lo supo enseguida. Era él. Hacía dos años que no le había hecho ningún mimo. No podía. A veces ella le tomaba las manos y se las ponía en las mejillas o encima de los senos para sentir su tacto contra la piel.

Se asustó. Con los pelos de punta, se levantó del colchón de un salto para encender todas las luces de la casa. Mientras fumaba un cigarrillo, pensando que Jordi todavía estaba en el piso, dijo en voz alta:

—Amor, te pedí que me enviaras una señal. Ya me ha llegado. A partir de ahora no te me aparezcas más o moriré de miedo. ¿Entendido?

Le costó mucho volver a dormirse.

Luego, el silencio se lo tragó.

30 de agosto de 2009.

23

Celebraron una ceremonia laica pero espiritual. Cris había tenido la idea de comprar cien velas en forma de cazoleta para repartirlas entre los asistentes al funeral.

Martina, vestida de blanco, quería luz. Mucha luz. Luz de velas, luz en los ojos y luz en los corazones. Ondina, sentada a su lado, presenciaba el primer funeral de su vida.

Cuando el féretro entró en la sala, se fueron encendiendo las velas una tras otra. La música inundó el espacio con *Somewhere over the Rainbow*, interpretada por Judy Garland, que acompañó a su amado como una oración dulce, hacia un lugar mágico donde los pájaros azules vuelan y donde los sueños se hacen realidad. Todo el mundo lloraba.

Arnau, visiblemente afectado, quiso dedicar unas palabras a su amigo. Tras elogiar la maravillosa obra pictórica de Jordi, proyectó un vídeo que él mismo había montado con sus pinturas y dibujos. Por último, tenía que leer un texto de Martina, pero en el segundo párrafo se emocionó tanto que no logró continuar. Estaba roto.

Entonces, ella se levantó, se agarró a la fuerte mano del amigo y leyó ella misma. Sus últimas palabras eran estas:

Amor, te puedes ir tranquilo
porque ni tu vida ni tu muerte habrán sido en vano.

A la salida, el doctor Civit se le acercó para preguntarle:

—¿Por qué habéis puesto esta canción? ¿Es que le gustaba mucho esta película a Jordi?

No entiende nada. Este hombre no entiende nada.

Luego se lo llevaron a incinerar.

Y ahora, ¿qué?

1 de septiembre de 2009.

CUARTA PARTE

1

Martina paseaba por la Feria del Libro Antiguo y Moderno de Ocasión del paseo de Gràcia. Recordó el pelo blanco de sus padres, que sobresalían como dos manchas claras entre las decenas de libros metódicamente ordenados de su caseta. Un blanco visible a mucha distancia, distintivo de un amor casi tan antiguo como la feria, que perduraba entre el olor a papel viejo y de madera.

Hogar.

Eran viejos, pero se daban besos húmedos en los labios. Todavía. Cuando Martina los veía así, sentía una mezcla de admiración, envidia y vergüenza. Se amaban. Se necesitaban. Y ahora ella les necesitaba a ellos. Los añoraba. Por eso había ido a la feria.

Para recordar.

Para volver.

Porque un tsunami que había durado cinco años se lo había llevado todo.

Los que trabajaban en la feria, hijos de los hijos de los primeros feriantes, aguantaban con dignidad, como la orquesta del *Titanic*, el hundimiento del mundo del libro viejo. Tres generaciones que habían dado vida cultural a la ciudad de Barcelona por las fiestas de la Mercè estaban a punto de pasar a la historia. No se puede competir con Apple, Nike, Chanel,

Adidas o Zara. Es cuestión de tiempo que en Barcelona no quede ni el Tato.

Ya apenas me reconozco aquí.

¿Volver? ¿Adónde?

A los recuerdos dulces. A los septiembres remotos de juventud, cuando siempre había algún chubasco excitante. Barcelona se ponía preciosa en otoño.

Entró en la caseta. Lluís, su hermano, le pidió que vigilara unos minutos, que iba al baño y a buscar un plástico a Manuel, porque en poco caería un chaparrón. Martina miró al cielo encapotado. Una nube gris plomo tapaba el sol y oscurecía la luz de la tarde. Desde dentro, sentada en el taburete, observaba a las personas que curioseaban los libros. Cómo había hecho antes. Antes del tsunami.

La feria era un lugar romántico por excelencia. Una pareja de enamorados paseaba su deseo sobre las letras. ¡Larga vida a vuestro amor, chicos! Un bibliófilo solitario y andrajoso hojeaba, con las uñas sucias y las puntas de los dedos amarillentos de tanto fumar, unos ejemplares de la revista *Pèl & Ploma*[26] que había en un extremo del mostrador. ¡Qué pasión! Los devoraba como seguramente hacía con la nicotina del tabaco. Él también esquiva el vacío. Lo hace todo el mundo. Con tabaco, con alcohol, con sexo, con letras. No importa. Una madre despistada le preguntó si tenía libros escolares; dos «Teresinas[27]», que si tenía un libro de cocina de Ruscalleda, y un abuelo le pidió «cuentos para la niña». Poca juventud. Poquísima. ¿Morirá también el libro de papel? Mientras su

---

[26] NdT: revista artística y literaria de la que salieron cien números entre los años 1899 y 1903.

[27] NdT: tipología de mujeres mayores del barrio de Gràcia popularizada en la serie televisiva catalana Teresina S.A.

mente vagaba entre pensamientos de impermanencia, recibió una llamada de un número de teléfono desconocido.

—Soy Paquitu. Me acaban de contar lo que le ha ocurrido a tu compañero. No sabía nada, lo siento.

Nunca la había llamado, aunque hacía muchos años que se conocían. Era uno de los dramaturgos más importantes de la escena catalana, y el jefe de guionistas de *Brisa del norte*.

—Te llamo porque en la biblia de esta temporada tenemos previsto que muera Jaume, tu marido. Ahora mismo estaba contando las tramas al equipo y me lo acaban de decir. ¿Tú te ves capaz de hacerlo? Acabamos la serie este año y quiero que uno de los protagonistas más queridos muera. Una muerte dramática, ya me entiendes. Que Cataluña llore.

Empezó a tronar. Cayeron los primeros goterones.

El aire lluvioso, que le humedecía la cara, la espoleó a decir:

—¿Para cuándo está previsto ese capítulo?

—Cerrará la temporada. Se empezará a grabar en abril.

—¿Puedo pensármelo un poco?

—Sí, pero piénsalo deprisa. Llámame en un par de horas.

Un trueno despampanante agrietó el cielo. Era el preludio del aguacero que ya descargaba sobre la ciudad. La gente corría para guarecerse. Llegó Lluís con un plástico grande para cubrir los libros y protegerlos. En pocos minutos, la acera se había convertido en una riada. ¡Cómo me gusta la lluvia, por Dios! ¡Y los truenos! ¡Y los relámpagos! ¡Y el cielo resquebrajándose! Otro trueno. ¡Sí!

Con las tormentas se volvía bruja, la mujer salvaje e intensa que quería volver a ser. Deseó ponerse a bailar bajo el agua y arrancarse la ropa y escupir al demonio por la boca y…

«La Guardia Urbana me detendrá para encerrarme en un manicomio».

Los truenos le llegaban tan dentro que desquiciaban todas y cada una de las células que la conformaban. Gritaban
para devolverla a la vida.

Salió de la caseta y se detuvo bajo la lluvia. Se mojaba y
sus pies chapoteaban en los charcos. Pero ni bailó ni se desnudó.

«Aún estoy cuerda. ¿Seré capaz de hacer lo que ahora la
vida me brinda?»

Dijo adiós a Lluís con la mano. Él la miraba y reía. «Estás
chiflada, ¡niña!». La quería así, tal como era. Y subió por paseo
de Gràcia, bajo aquel diluvio universal que no recordaba si
señala el final de una era o el inicio de otra.

Pidió a la lluvia que se llevara los pensamientos negros.
Caminaba, caminaba y caminaba… hasta que llegó a casa
hecha una sopa. Llenó la bañera de agua bien caliente y dejó
que la espuma llegase a lo más alto. Encendió una vela roja, se
sirvió una copa de vino blanco y entró en el paraíso. Sky dijo:

—Miaaaau.

No le gustaba que Martina estuviera dentro del agua.
Para que no se enfadara, ella le mostraba los dedos como si
fueran títeres. Sky se distraía intentando cazar, ahora con una
pata, ahora con la otra, su dedo índice.

—Miau. Miau. Miau.

Se sumergió hasta el límite de la respiración. Le gustaba
jugar a hacer apneas bajo el agua. ¿Cómo sería morir en una
bañera? Ya había decidido que eso no iba a ocurrir, pero no
se lo sacaba de la cabeza. «Sería un buen final para una actriz.
Muy dramático. He visto demasiadas películas…».

Sacó la cabeza para tomar aire. «Es que no puedo sostener
este vacío. No puedo». Se sumergió de nuevo. Más le valía que
aceptara el trabajo. «Ahora mismo no me veo con ánimos de
hacerlo, pero dentro de siete meses estaré más fuerte. Sí, estaré
más fuerte». Bebió un trago de vino y llamó a Paquitu.

—Adelante con la trama.

Dejó el móvil. Sky la miraba fijamente.

—¿He hecho bien, Sky?

—Miau.

Siempre contestaba.

Dejaré que el río de la vida me lleve, porque yo no sé a dónde voy.

2

Recogió la urna en el tanatorio y la puso en el maletero del coche. Tenía previsto llevarla a Horta ese mismo fin de semana. Quería ir sola, caminar hasta lo alto de las Rocas de Benet y arrojar las cenizas al viento. Sin embargo, a medianoche se levantó para ir al baño y, al volver, en lugar de encontrarse con el colchón blandito, se dejó caer a medio metro de la estructura de la cama y se pegó un trompazo espectacular.

Casi perdió el conocimiento. Inmóvil en el suelo, como un escarabajo boca arriba, intentó moverse y vio las estrellas. Pensó que se había roto algo, incluso le costaba respirar. De pura chiripa, el móvil estaba en la mesita de noche, así que, alargando el brazo izquierdo, fue capaz de agarrarlo.

—Elisabet, ¡ven corriendo!

Afortunadamente, la vecina tenía llaves de su casa, porque ni de broma podía levantarse. Cuando llegó y vio aquel espectáculo kafkiano, llamó a una ambulancia y la llevaron al hospital.

No se había roto nada. Una radiografía, un pinchazo en el culo y a casa. Volvió a la cama con un montón de medicamentos. Al día siguiente tenía un morado descomunal en la cadera.

La materia me reclama.

El estado etéreo en el que había quedado suspendida tras la muerte de Jordi había terminado.

Lástima. Estaba bien allí.

No obstante, la fuerza de la gravedad acaba poniéndolo todo en su sitio. Cuando el cuerpo duele, duele.

Se quedó una semana en casa haciendo reposo, pensando que las cenizas todavía estaban en el maletero y que no sabía cuándo podría ir a tirarlas, porque en diez días se reanudaba el rodaje de la serie y entonces ya no tendría tiempo.

Pasaban las semanas. Ya había empezado a rodar e iba de aquí para allá con un secreto en el maletero del coche. Se preguntó si era una falta de respeto llevar a Jordi allí detrás. Le preguntaba: «¿Verdad que no te importa, amor?». Y se lo imaginaba riendo, escondido en la urna como un pitufo. Tanto miedo que había tenido a los muertos y ahora hablaba con ellos como si nada.

Aquel batacazo le devolvió la vulnerabilidad. Y el miedo. Ya no se veía con fuerzas de ir sola a tirar las cenizas. Llamó a Arnau y a Cris para pedirles que la acompañaran.

El sábado por la mañana, mientras subían silenciosos y tristes hasta la cima de las Rocas de Benet, recordó lo que había hecho con las cenizas de sus padres. Una madrugada, al romper el alba, las tres hermanas se dirigieron al mar como las brujas de Macbeth e hicieron el conjuro que el padre les había pedido:

«Mezcladlas bien mezcladas y las arrojáis al mar».

Habían llegado a lo más alto.

Desde la cima, con las cenizas al viento, mientras contemplaba la inmensidad del espacio, comprendió un poco mejor la muerte. Los elementos que componen nuestro cuerpo son los mismos que los del universo. El polvo de estrellas vuelve al cosmos.

¿Y el espíritu? El espíritu está en todas partes.

«Siempre que contemples las nubes, yo estaré allí».

Tenía razón.

3

Seis meses de inmersión en el rodaje de la serie la tuvieron entretenida y ocupada.

Nunca miraba el capítulo cuando lo emitían. No se atrevía a hacerlo. Tenía que pasar tiempo, quizás días, a veces semanas. Que si esto, que si aquello, que si la luz, que si no era creíble, que si la arruga, que si la papada, que si el maquillaje, que si el jersey, que si faltaba ritmo, que si la madre que la matriculó.

No se gustaba, he aquí la cuestión. Cuando se veía en un capítulo, quería esconderse bajo la cama, bajo el sofá, detrás de la nevera o de las cortinas, dentro del armario o del horno, como hacía Sky cuando pasaba la aspiradora. ¡Fiuu! Y no salir nunca más.

¿En qué hemisferio del cerebro vive la vergüenza?

Cuando se emitió el capítulo final de la serie, al día siguiente todo el mundo la felicitaba, pero, a pesar de los elogios, tardó un par de días en poder visionarlo. En cuanto lo hizo, consideró que el resultado era satisfactorio, aunque durante el rodaje no había podido evitar comparar aquella ficción con la realidad que había vivido.

En la ficción, Jaume moría y ella le cerraba los ojos. Estaba caliente e iba maquillado. Estaba vivo. En cambio, Jordi estaba frío, pálido, rígido.

Había muerto.

Las actrices tienen recursos emocionales para representar cualquier situación de la vida, y puede haber incluso mucha verdad en las interpretaciones, pero un muerto es inimitable, resulta imposible de representar con verosimilitud. Ya se sabe: nadie muere como en las películas. Los actores simulan que…

Los telespectadores seguían parándola por calle:

—Ay, niña, me gustáis mucho las actrices y los actores catalanes. ¡Trabajáis tan bien…! Ese ratito antes de acostarme es cuando me siento en el sofá a mirar la tele. Es mi momento, ¿sabes? Y, escucha, ese actor, el que hace de tu marido, ¿es tan… como parece? Y ella, ¿es tan… como dicen? ¿Y es verdad que el de la tienda de comestibles es…? Una amiga se lo encontró y me dijo que no quiso firmarle un autógrafo. ¡Ya me dirás qué le costaba! Mira, ya no me caía demasiado bien, pero ahora menos. Al verte, me he dicho: «es la de la tele», pero no he querido molestarte. ¡Qué gracia! ¿Me puedo hacer una foto contigo, que a mi hija le hará mucha ilusión? Qué final más triste, chica… ¡El otro día nos dejasteis bien emocionados! ¿Queréis un chupito? ¿Orujo de hierbas o ratafía? Invita la casa. Mira, Quico, ¿a que la conoces? ¡Es verdad, sí, qué gracia! ¡Pareces más joven al natural! ¿Verdad que sí, Quico? Sí, sí. ¡Eres aún más guapa que en la pantalla! Así que… ¿Una ratafía? Niña, ¡qué final! ¡Qué mala pata que se te muera el marido! Lo has hecho muy bien, ¿eh? Hacíais tan buena pareja… ¿Y ahora qué vas a hacer sin marido? Tendrás que cambiar de pueblo, empezar una nueva vida. Di a los de la tele que hagan una nueva temporada, que en casa nos gusta mucho la serie. Cuando un marido se muere, se debe pasar el duelo. Esto lleva dos años. Y mira, niña, a mí se me murió el mío. El marido de verdad, ¿eh? Hace ya cinco años. Y se echa de menos. ¡Por supuesto que se echa de menos! Te acompaño en el sentimiento, chica. Eres demasiado joven para quedarte viuda.

Ahora llorarás un tiempo, pero después tendrías que buscarte a otro. Que no es bueno estar sola, niña. No es bueno.

La gente le daba el pésame medio en broma medio en serio. Es curiosa la interacción de los actores de culebrones con los telespectadores. «Es que sois como de la familia», le decían con familiaridad. Y la tocaban y la cogían y la querían y le hablaban. «Claro, entráis en casa todos los días y al final sois uno de nosotros».

Lo entiendo.

Lo entiendo.

Lo entiendo.

En ese momento, cuando le daban el pésame, no sabía si era a ella o a la de la tele. Daban el pésame a Martina como si fuera el personaje. Pero ella lo recibía como si se lo dieran a ella, no al personaje. Todo era delirante y le entraba ganas de gritar desde el balcón de su casa:

—¡Que todo esto es ficción, joder! Que lo que realmente me importa es que mi marido real murió hace unos meses y que tengo problemas, que muchas noches no puedo cenar porque se me atraganta la comida y recuerdo cómo Jordi se ahogaba cada vez que comía o cenaba o desayunaba. Y que no quiero ir al médico porque ya se me pasará, pero estoy empezando a asustarme porque tengo hambre y debo esperar por la mañana a comer, ya que por la noche no puedo, solo puedo beber, y que ahora que la serie se ha acabado estoy en paro otra vez, y que no tengo dónde caerme muerta, y que tengo ganas de que un hombre me abrace y me toque y me lama, y que quiero volver a seducir, y a echar un polvo como Dios manda, ¡hostia ya!

4

¿Cómo vacías un piso de ciento cincuenta metros cuadrados donde está acumulada la vida de tres personas y una de ellas acaba de morir?

¿Con un poco de gasolina y enciendo una cerilla?

Elisabet no lo merece, ni los del ático tampoco, ni los del piso de abajo. Los propietarios del edificio, a los que no les dio la gana de poner un ascensor para hacernos la vida más fácil, ocupan el resto de los pisos. Ellos. Que han tenido cuatro años para hacer una buena obra, pero parece que no quieren ir al cielo. A lo mejor creen que irán igualmente por derecho divino. Ellos. Que viven de rentas. Ellos. Que tienen una vida miserable y crían como conejos. Ellos. Que su hija pequeña quiere venir a vivir a casa de Martina, justo ahora que acaba de invertir una pequeña fortuna en arreglar el lavabo y la cocina. Ellos. Y se lo dicen ahora, que se ha quedado sin trabajo.

«Venga, le pego fuego. Y que arda todo el edificio».

Martina rumiaba esta clase de locuras mientras llenaba cajas. Estanterías llenas de libros y libros y libros y libros… y más estanterías y más libros y libros y libros. Y revistas y revistas y revistas. Y cómics y cómics y cómics. ¡La colección de Tintín! «La quiero. La necesitaré. Es lo único que puedo leer cuando no estoy bien. Un botiquín espiritual de primeros auxilios: mantita, leche con Cola Cao y Tintín».

Continuó con los libros de arte y con la *Historia de la Pintura Universal*, que pesaban una tonelada. Cogió la cinta de embalar. Tenía práctica. A fin de cuentas, era hija de libreros. Mucha caja llevaba encima. Velázquez, Velázquez, Velázquez... ¡Siete libros enormes del maestro! «Con dos tengo de sobra. Cada vez que venga alguien a casa le regalaré uno. El libro grande de Leonardo, el otro maestro, me lo quedo. ¡Virgen santa! Cinco de Mir, cuatro de Sargent, tres de Fortuny, seis de Cases, dos de Picasso, tres de Rembrandt, cuatro de Sorolla, tres de Nonell, dos de Antonio López...».

Ondina entró en la habitación.

—¿Qué vas a hacer con todos los libros de Jordi?

—Un mercadillo. Que venga quien quiera y que se lleve lo que quiera.

—Mamá, ¿por qué quieres regalarlos?

—¡Porque me pesan!

«Todo pesa. Yo peso, tú pesas, él pesa, nosotros pesamos, vosotros pesáis... La vida pesa.»

Lila le decía a Martina que tenía Plutón en no sé cuántas casas y que «*cuando Plutón pasa por tu vida, arrasa y se lleva todo lo que sobra*».

«Puto Plutón. Vacíame el piso. Termina el trabajo, ¿quieres? No me dejes a medio morir. Remátame, por favor. U ordena a tus mensajeros que provoquen un incendio. Te será fácil, esto está lleno de libros y el papel arde bien».

Al final de la tarde, el pasillo era una montaña de cajas embaladas. Las contó. Veinticinco cajas de libros de arte. Entró en la habitación de Ondina, que había guardado todas sus cosas en otras doce cajas.

Todo eso no cabía en el piso de cincuenta metros cuadrados donde tenían que irse a vivir. Y solo había empaquetado los libros de él, por ahora.

Cogió las cerillas.

Caminaba pasillo arriba y abajo. En una semana todo debía estar fuera.

Salió al balcón y se encendió un cigarrillo.

5

Ondina se quedó con sus llaves.

—¿Para qué las quieres?

—Quizá algún día puedo entrar.

—Pero ya no es tu casa.

—Sí que lo es.

Quedaba poco por empaquetar, el camión de la mudanza estaba a punto de llegar. Martina abrió una cajita con fotografías y, fascinada por la antigüedad del blanco y negro, se entretuvo mirándolas. Eran pequeñas, con los bordes aserrados, y retrataban a sus padres el día de su boda. Ellos también habían sido jóvenes.

Tras la muerte de su padre, vaciaron el piso familiar. También estaba lleno de libros. ¡Qué manía con acumular libros! Y pinturas, fotografías, papeles, carpetas, cartas, recortes de prensa y la *Gran Enciclopèdia Catalana*, de la que estaban tan orgullosos de pequeños, y que ya no tenía ningún valor. Y la colección de elefantes, con la trompa hacia arriba, bien empalmados, ¡no sea caso! Y la Olivetti del padre y tantas y tantas cosas. Los cuatro hermanos fueron poniendo pegatinas a los muebles y a los objetos. Quiero esto, esto y esto... Y pam, pam, pam. Pegaban la pegatina rosa, azul, verde o rojo, y listos.

Cuando el piso ya estaba completamente vacío, Martina fue a echar un último vistazo antes de entregar las llaves.

Mientras lo limpiaba, escoba en mano, oyó un «cloc» en el dormitorio de sus padres. Un objeto pequeño, pero con peso suficiente para hacer ruido, había topado con la pared. Entre las borlas de polvo que con los años se habían acumulado detrás de los armarios vio el anillo del abuelo: era de plata, grueso, y con la carátula de la tragedia griega: el símbolo de la Editorial Millà. Lo había encontrado por los pelos. Toda una declaración de intenciones por parte del abuelo, que se las había apañado desde el más allá para hacérselo llegar. A ella. A la pequeña de los Millà, la actriz, la que cree en las rendijas.

«Los gusanos no han podido con tu espíritu, abuelo». Se lo guardó en el bolsillo del pantalón. Miró el espacio por última vez y se despidió de la casa familiar.

Habían pasado cuatro años. Estaba a punto de marcharse del último hogar que la había acogido. No había tenido tiempo de digerir nada. Ni la muerte de su madre, ni la de su padre. Con la de Jordi a flor de piel, tomaba conciencia del alcance de tanta pérdida.

Sintió un puñetazo en el estómago. Desde muy adentro le nacía una bola de fuego roja que se iba haciendo grande, y más grande, y más grande... Adquirió un tono rojo oscuro. Y después negro. Era sangre coagulada. Una sangre que todavía no había sangrado, porque no podía. El cuerpo hacía tiempo que la retenía. El coágulo se había enquistado. Era descomunal. Solo ahora Martina se daba cuenta.

Si la sangre fuera líquida, podría salir a través de la piel y de la vagina, vertiéndose como una última menstruación, descomunal y definitiva. Podría llenar todo el suelo de la habitación y del piso, y se deslizaría por debajo de la puerta, escaleras abajo, inundando la acera, hasta bajar por las calles de la ciudad como un torrente. Mucha sangre. Una hemorragia necesaria para curarla. Un grito del infierno. Y entonces podría

llorar, vomitar, escupir, gritar, cagar, vaciar, drenar. Pero no.
No podía.

Cerró las carpetas de las fotos familiares y las guardó
en la cajita. Al terminar, la precintó con la cinta de embalar
marrón. Miró la hora y vio que los de las mudanzas tendrían
que haber llegado ya. ¡Había tantas cosas…! Quizás tardarían
tres o cuatro horas en vaciar el piso, teniendo en cuenta que
debían bajar todos los trastos por las escaleras, descender cuatro
pisos. Se preguntó si a Jordi le sabría mal que hubiera regalado
algunas de sus pertenencias.

Al fin llegó el camión de las mudanzas. Tres chicos jóvenes, fuertes y sudados subieron y se lo llevaron todo.

Todo.

En tres horas, el piso había quedado vacío. Era de noche
y Martina no quiso permanecer allí ni un segundo más.

Me voy.

6

Regresó al día siguiente para despedirse del piso vacío. Al abrir la puerta por última vez, revivió por un instante el primer día que entró. La única diferencia era el vínculo que sentía con esas paredes que, iluminadas por el sol, revelaban las huellas de una vida pasada. Una vida llena, rica, intensa y bonita.

Entró en la habitación de Ondina y resiguió las marcas de la altura que juntas señalaban en la pared, un año tras otro. Recordaba sus pequeñas manos marcando cada nueva altura. El papel pintado de rayas azules y blancas era un intento de protegerla de las tempestades nocturnas. La mano calentita de su hija. El amor que la hacía más vulnerable.

Elisabet llamó a la puerta.

—¿Ya lo has vaciado?

—Sí.

Entró y, mirando emocionada el piso vacío, confesó:

—Te echaré de menos, vecina.

—Pues mira que yo a ti...

Se abrazaron muy fuerte. Martina le entregó sus llaves para que las hiciera llegar a los aborbonados y cerró de golpe la puerta del piso.

7

Dejaba una vida atrás.

Había llegado a creer que merecía una nueva oportunidad. Una segunda vida. Una buena vida. Y no, lo peor aún estaba por llegar.

Cuando entró en el ambulatorio, porque se sentía extrañamente cansada y no podía tragar, la recibió una médica nueva a la que no había visto nunca. Le tendió la mano y la invitó a sentarse en la silla de su despacho, regalándole una risa franca y juvenil.

—Mire, doctora, se me hace un nudo en la garganta. La comida no se me desliza ni para arriba ni para abajo, y tengo miedo de ahogarme. He perdido cuatro kilos en dos meses. ¡Estoy preocupada!

La doctora le preguntó si estaba muy estresada o si había ocurrido algo que pudiera estar relacionado con este hecho. Aunque ella no veía el vínculo, dijo que su pareja había muerto de ELA hacía casi un año y que ella se había quedado sin trabajo, pero que ya estaba acostumbrada, dado que era actriz.

—¿Y cómo llevas el duelo? —le preguntó.

Respondió diciéndole que ya lo había hecho durante la enfermedad de Jordi, que le daba reparo decirlo, pero que habían sufrido tanto que el final había sido liberador y que ahora estaba bien.

—¿Qué es lo que más añoras de él? —preguntó.

Sorprendida por aquella pregunta inesperada y molesta por el interrogatorio —ella no buscaba una psicóloga, solo necesitaba saber si alguna disfunción orgánica le impedía la deglución—, confesó de mala gana que, de hecho, no pensaba mucho en él, y que tampoco le echaba de menos. Simplemente, no sabía cómo continuar su vida.

La médica la miró fijamente con sus grandes ojos castaños y llenos de humanidad. Le dijo muy seria:

—Tienes un duelo mal curado. Toma esta medicación. Escitalopram. Quiero volver a verte dentro de un mes.

«¿Que tengo un duelo mal curado? ¡Venga ya!».

No pensaba tomarse esas pastillas. Moriría de inanición, si era preciso, se le pararía el corazón o cambiaría de piel, pero no estaba dispuesta a aceptar aquel diagnóstico que la obligaba a alargar un duelo que ella daba por terminado. Y menos a doparse para encubrir su cruda realidad.

Con la energía vital agotada, pero empeñada en atravesar su desierto interior sin medicinas, continuó negando el dolor hasta que le estalló por dentro.

Era la víspera de Nochevieja, aún de noche, cuando se desveló. El reloj del móvil marcaba las cuatro. Llevaba días con insomnio. Y hambre. Mucha hambre. Aun así, era incapaz de tragar nada sólido. Tenía miedo de atragantarse y morir ahogada. Se quedó en la cama, sintiendo un dolor agudo en el estómago. Había un silencio frío en la casa. Ondina hacía días que no venía a dormir. Se había enamorado de una chica y decía que estaba mejor en casa de ella.

¿Qué he hecho mal?

Se levantó a fumar un cigarrillo. Luego otro, y otro... No debería fumar así, compulsivamente. Se preparó un vaso de leche caliente con un poco de miel, añorando cuando se la calentaba su madre para que durmiera tranquila. Bendito paraíso infantil.

Regresó a la cama y apagó la luz. Sintió cómo caía en un agujero negro sin fin que tiraba de ella y la engullía hacia abajo. Se asustó.

Se levantó de golpe para ir a la cocina, tomó la botella de vino tinto y se llenó una copa. Le entraron ganas de fumar otro cigarrillo. Se lo fumó, qué caray, tampoco es para tanto. Y otra copa. Y otro cigarrillo. Vamos, el último…

Con la tercera copa oyó un «clic» en el cerebro y un «pfff» en el cuerpo. Pensó en Paul Newman en *La gata sobre el tejado de zinc* y se preguntó: ¿Soy alcohólica? Es posible, pero me da igual. Volvió a la cama y finalmente se durmió.

La despertó el sol que entraba en la habitación. Miró el móvil. Eran las diez de la mañana. No quería levantarse. Hacía un año y medio que había muerto Jordi. No le echaba de menos. No se sentía vinculada a nadie, ni siquiera a su hija, que le negaba la maternidad con sus fugas.

Pobre Ondina, cómo ha cambiado. También se ha endurecido y sólo tiene diecisiete años. Una semana antes había encontrado a Martina en el suelo, haciendo una de esas relajaciones que tan bien le iban. A través de largas exhalaciones, aflojaba la tensión muscular, después la tensión emocional y, finalmente, abandonaba los pensamientos. Conseguía dejarse caer por completo. Nada que hacer. Nada de nada. Y así, a ras de suelo, sentía que hacía el muerto. Que la vida no le pesaba.

Cuando Ondina la vio así, se asustó. Y aunque Martina le aclaró que era un ejercicio que le iba bien, ella no quería una madre desparramada, sino una madre hecha y derecha.

—Mamá, ya no queda nada estable, ni siquiera tú.

—Me tienes a mí, me tendrás siempre, amor.

Negó con la cabeza y huyó de casa. Lloraba desconsolada.

Su reacción la fulminó. No sabía cómo ayudarla. Sin fuerza ni confianza para sostenerse en la vida, tampoco sabía guiarla, ni cómo actuar con aquella adolescente herida.

Había pasado una semana desde que Ondina huyó de casa. Era Fin de Año. Hacía una semana que no la veía.

Llamó a Cris para que la ayudara a comer una manzana. Ya lo había hecho un par de veces. Al otro lado del teléfono, le mandaba:

—Da un mordisco.

Martina daba un mordisco.

—Muy bien, ahora mastica.

Y ella masticaba.

—Hasta que se disuelva en la boca. ¿Lo tienes? Venga, ahora traga.

Y ella tragaba.

—Muy bien, Martina. Vamos, otro mordisco.

—Espera un momento, Cris. ¿Podemos hablar un poco?

Y así era como necesitaba media hora para comerse una manzana.

Se duchó antes de bajar al bar a tomar un café americano, que lo hacían muy bueno. Luego volvió a casa y se tendió sobre el parqué. Sonó el móvil. No quiso contestar. Se durmió.

Al despertarse, había caído la noche.

Miró las llamadas perdidas. Era Ondina quien la había llamado. Escuchó su voz.

Mamá, te deseo un buen Fin de Año. ¿Qué haces? Debes de haber salido con Lila. Espero que estés bien. Un besito.

Era 31 de diciembre.

8

Como una osa pesada que camina sigilosa sobre el hielo, sentía que el suelo ya no era de fiar. Empezaba el deshielo. El manto de hielo que la mantenía firme se había agrietado.

A partir de ahí la caída fue rápida. El coágulo reventó e inundó el estómago de sangre caliente. La hemorragia interna hizo estallar el resto de los órganos: los ovarios, el hígado, los pulmones, el cerebro, los riñones, el corazón. Acto seguido, explotó un brazo. Una pierna. Un ojo. Las tetas. La lengua. Finalmente, se le cayó toda la piel del cuerpo. Como una naranja sanguina mal pelada, se quedó en carne viva.

Sin tierra, sin vísceras, sin piel.

Aún quedaba el esqueleto, la última estructura a la que intentó aferrar su Yo, pero una incipiente fisura bastó para quebrarlo como si fuera cristal.

Perdió la identidad corporal por completo. No sabía lo que hacía en el mundo. Como un alma en pena, vagando sin reposo por la tierra de los vivos, temía que aquella condena fuera eterna. El mundo se detuvo.

Dormir.

Morir.

EPÍLOGO

Morirse no es fácil.
Renacer aún lo es menos.

Hace falta coraje.

Y alguien que te quiera mucho a tu lado.

¿Desde dónde empezar una nueva vida? Necesitaba encontrar la fuerza para reponerse y florecer.

¿Florecer? ¿No era eso pedir demasiado?

En el funeral había leído en voz alta: «*Ni tu vida ni tu muerte habrán sido en vano*». No sabía de dónde habían salido aquellas palabras, pero eran suyas y se sentía comprometida con ellas.

La muerte se había llevado a Jordi y, con él, otras muchas cosas: su inocencia, su juventud, la fuerza interior, la ilusión, la confianza, la alegría. Atributos del alma necesarios para una buena vida. Pero había algo esencial que el dolor había enterrado, algo sin lo cual la vida no vive. No puede. Porque no tiene razón de ser.

¿Qué era?

Pasó el tiempo.

En su peregrinación para la búsqueda de sentido, volvió espiritualmente a Japón. Y al zen. Una cultura refinada, poética, bella en imágenes y en sonidos sugerentes. El único mundo que no le dolía. Aquel lenguaje lejano y exótico era el dedo que señalaba a la luna. La miró y se enamoró.

Berta, la maestra zen, la acogió y le reveló los secretos del *kintsugi* explicándole este cuento:

Hace muchos, muchos años, en el Japón del siglo XV, vivió un emperador al que le gustaba tomar el té en una taza de porcelana que le había regalado su esposa cuando se prometieron en matrimonio. Con una técnica de decoración antigua y sofisticada, habían estampado en la taza un cerezo florido. Era preciosa.

Esta pieza única era muy apreciada por él. Pero un día se rompió. Desolado, el emperador pidió a su hijo que fuera por todo el mundo a ver si encontraba a alguien que fuera capaz de reparar la taza, aunque el precio fuera muy alto.

El hijo encontró a una mujer china experta en porcelana y le preguntó si la podía arreglar. Cuando el emperador vio la taza restaurada, la encontró muy fea. La reconstrucción de los trocitos desmenuzados era chapucera y ordinaria. Se veían las grandes grapas metálicas que apedazaban las partes. Y, además, el té se colaba por las pequeñas grietas de la porcelana.

Disgustado, el emperador en persona decidió visitar a un célebre artesano japonés, un monje que vivía retirado en un templo zen. Le preguntó si podía reconstruir la taza de una manera más fina.

El artesano, que tenía muy buenas manos, fue el artífice de una nueva técnica de reparación de objetos rotos. Con mucho cuidado y delicadeza, reconstruyó la taza con una mezcla de resina y polvo de oro. Resiguió los bordes de cada una de las piezas rotas hasta que las hizo encajar. Luego las pulió.

La taza quedó tan fina, delicada y bella que el emperador ya nunca más tuvo miedo a que su vajilla se rompiera, porque sabía la manera de reconstruirla e incluso mejorarla.

El emperador vivió muchos años. Cada tarde tomaba el té en la misma taza, que con el paso del tiempo aún valoraba más. Si antes había sido un bello objeto, ahora era extraordinario. Le gustaba mirarla porque veía en ella su historia personal, y comprendía que las grietas eran tan bonitas como las heridas de la vida. Esa taza no tenía precio.

Así nació una nueva forma de reparar la cerámica que se convirtió en arte. El arte del kintsugi.

Es una técnica que contiene toda una filosofía. Plantea que las roturas y las reparaciones no deben esconderse, sino todo lo contrario. Deben enseñarse. El hecho de mostrar su transformación embellece al objeto. Esta expresión artística quiere transmitir la belleza que existe en la imperfección de las cosas, lo que los japoneses llaman wabi-sabi.

Las arrugas, las cicatrices, las llagas son rendijas por donde entra la luz, el amor, el oro. Estas piezas tienen mucho más valor que las que nunca se han roto. Son carísimas.

De repente, en lo más profundo del silencio de aquellos retiros zen, un amor inconmensurable salido de ninguna parte atravesó a Martina y le dio una nueva fuerza, plenitud y valentía.

Como en el arte del *kintsugi*, pudo recoser la confianza con nuevas lágrimas, ahora sí, porque eran perlas doradas de amor. De amor a la vida. Tal y como es. Con todo lo que viene… y todo lo que se va.

Y volvió al mar.

Sentada frente a la inmensidad, comprendió que eso que Jordi no había podido capturar con la pintura estaba hecho de millones y millones de gotas de agua que se unían un segundo, de manera prodigiosa, deslumbrando nuestra mirada de asombro. Porque sí. Por la magia natural y gratuita de la existencia, porque cada gota contiene el universo entero, y derrama amor.

La eternidad nos atraviesa a cada instante, pero si la queremos atrapar se desvanecerá entre nuestros dedos. Para poseerla, debemos abrir las manos y volvernos transparentes. Entonces ocurre el milagro.

Han pasado quince años desde la muerte de Jordi. A lo largo de todo este tiempo he ido reconstruyendo muy despacio el desgarro. Faltaba la última pieza.

Quisiera ser capaz de destilar aunque sólo fuera una gota de oro para encajarla, compartiendo nuestra historia de amor.

FIN

IKIBOOKS